왕실의 나날,
소설에 빠지다

# 왕실의 나날,
## 소설에 빠지다

| | |
|---|---|
| 초판 1쇄 인쇄일 | 2025년 11월 19일 |
| 초판 1쇄 발행일 | 2025년 11월 26일 |

| | |
|---|---|
| 기　획 | 한국국학진흥원 |
| 지은이 | 홍현성 |
| 펴낸이 | 한선희 |
| 펴낸곳 | 국학자료원 새미(주) |
| | 등록일 2005 03 15 제251002005000008호 |
| | 경기도 고양시 덕양구 권율대로 656 원흥동 클래시아 더 퍼스트 1519, 1520호 |
| | Tel 02)442-4623 Fax 02)6499-3082 |
| | www.kookhak.co.kr |
| | kookhak2010@hanmail.net |

| | |
|---|---|
| ISBN | 979-11-6797-282-8 *94910 |
| | 979-11-6797-264-4 *94910 (세트) |
| 가격 | 14,000원 |

한국국학진흥원 전통생활사총서 58

홍현성 지음
한국국학진흥원 기획

# 왕실의 나날,
# 소설에 빠지다

국학자료원

한국국학진흥원은 2022년부터 문화체육관광부의 지원 아래 전통생활사총서 사업을 기획하였다. 이 사업은 전통시대 생활문화를 대중에게 널리 알리고자 해마다 20명의 생활사 전문 연구진을 섭외하여 추진해 왔다. 지난해까지 40종의 총서를 대중에게 선보였고, 올해도 다채로운 주제를 담은 20권을 발간하였다.

한국국학진흥원은 국내에서 가장 많은 67만여 점에 이르는 민간 기록물을 소장하고 있는 기관이다. 대표적인 민간 기록물이라 할 수 있는 일기와 고문서는 당시 사람들의 일상을 세밀하게 이해할 수 있는 생활사의 핵심 자료이다.

그동안 한국의 역사는 '조선왕조실록'이나 '승정원일기'와 같이 세계적으로 자랑할 만한 국가 기록물의 존재로 인해 중앙을 중심으로 이해되어 온 경향이 있다. 반면 민간의 일상생활에 대한 이해와 연구는 상대적으로 덜 주목받은 것도 사실이다. 다행히 한국국학진흥원은 일찍부터 민간에 소장되어 소실 위기에 처한 자료들을 수집하고 보존 처리하며 관리해 왔다. 나아가 이들 자료를 번역하고 심층 연구하여 대중에 공개했다. 이러한 민간 기록물을 활용하고 일반 대중에게 기여할 수 있는 효과적인 방법으로, '전통시대 생활상'을 생생하게 재현한 대중서로 집필하기에 이르렀다. 이는 일반인이 쉽고 재미있게 읽을 수 있는 전통생활사총서를 간행한 이유이기도 하다.

총서 간행을 위해 일찍부터 생활사의 세부 주제를 발굴하는 전문가 자문회의를 개최하고, 전통 생활문화를 가장 잘 구현할 수 있는 핵심 키워드를 선정하였다. 인간의 생활을 규정하는 보편적 분류인 정치, 경제, 사회, 문화의 큰 틀 아래, 매년 각 분야에서 핵심적이고 흥미로운 키워드를 선정하여 집필 주제를 정했다. 이번 총서의 키워드는 정치는 '지방 수령의 생활', 경제는 '시장 경제와 화폐 유통', 사회는 '질병과 의료', 문화는 '여가생활'이다.

각 분야마다 5명의 전공자로 집필진을 구성하고, 독자들이 어디서나 가볍게 들고 다니며 쉽게 읽을 수 있도록 다양한 사례를 풍부하게 담아달라고 요청하였다. 풍부한 사례 제시와 더불어 전문 연구자의 깊이 있는 시각을 담아 대중성과 전문성을 동시에 담보할 수 있는 것이 본 총서의 매력이다.

전문적인 서술로 대중을 만족시키기는 결코 쉽지 않다. 원고 의뢰 이후 5월과 8월에는 각 분야의 전공자를 토론자로 초청하여 2차례의 포럼을 진행하였고, 11월에는 완성된 초고를 바탕으로 대규모 학술대회를 개최하였다. 포럼과 학술대회를 통해 원고의 방향과 내용이 더욱 견고해지도록 점검하는 시간을 가졌다. 원고 수합 이후에는 각 책마다 전문가 3인의 심사 의견을 받았다. 출판사를 선정하여 수차례의 교정과 교열 작업을 거치며 완성도를 극대화했다. 책이 세상의 빛을 보기까지 꼬박 2년이 걸렸다. 짧다면 짧은 기간이지만, 2년의 응축된 시간 동안 꾸준히 검토 과정을 거쳤고, 토론과 교정을 통해 원고의 완성도를 높이기 위해 분주히 노력했다.

전통생활사총서는 국내에서 간행하는 생활사총서로는 가장 방대한 규모이다. 국내에서 전통생활사를 연구하는 학자 대부분을 포함하였다. 2024년도 한 해의 관계자만 연인원 백 명이 넘는 명실공히 국내 최대 규모의 생활사 프로젝트이다.

1990년대 이후 폭발적으로 증가했던 일상생활사와 미시사 연구에 대한 학계의 관심이 근래 들어 다소 소홀해진 상황이다. 본 총서의 발간이 생활사 연구에 활력을 불어넣는 계기가 되기를 기대한다. 연구의 활성화는 연구자의 양적 증가로 이어지고, 연구의 질적 향상 또한 이끌 것이다. 이는 전통문화에 대한 대중들의 관심 역시 증폭시키는 선순환을 만들어 낼 것이라 고대한다.

본 총서는 한국국학진흥원의 연구 역량을 집적하고 이를 대중에게 소개하기 위해 기획된 대표적인 사업 중 하나이다. 참여 연구자의 대다수가 전통시대 전공자이며 앞으로 수년간 지속적인 간행을 준비하고 있다. 올해에도 20명의 새로운 집필자가 각 어젠다를 중심으로 집필에 들어갔고, 내년에 또 20권의 책이 간행될 예정이다. 앞으로 계획된 총서만 100권에 달하며, 여건이 허락하는 한 이 소중한 작업을 지속할 예정이다.

대규모 생활사총서 사업을 지원해 준 문화체육관광부에 감사하며, 본 기획이 가능하게 된 것은 한국국학진흥원에 자료를 기탁해 준 분들 덕분이다. 다시 한번 깊이 감사드린다. 아울러 총서 간행에 참여한 집필자, 토론자, 자문위원 등 연구자분들께도 진심으로 감사 인사를 전한다. 책의 편집을 책임진 국학자료원에도 고마움을 표한다. 이 모든 과정은 한국국학진흥원 여러 구성원들의 노력이 있었기에 가능했다.

2025년 11월
한국국학진흥원 인문융합본부

# ◈ 차례

1966년 8월 22일 자 『중앙일보』 첫 지면은 이례적 희소식이 장식했다. 보배로운 국문학 자료를 대거 발견했다는 소식이었다. 보배로운 자료 가운데 고전 소설은 세간의 이목을 사로잡았다. 새로 찾은 고전 소설은 우리가 익히 알던 것과 달랐다. 정갈한 필치는 한 치의 흐트러짐도 없었고, 문장 표현 역시 전고典故가 빈출하면서도 유려했다. 분량 역시 놀라웠다. 30책이 넘는 작품도 있었고, 100책, 180책짜리도 있었다. 『범문정충절언행록』 30책, 『벽허담관제언록』 26책, 『명행정의록』 70책, 『완월회맹연』 180책 등등 이채로운 작품이 말 그대로 쏟아져 나왔다. 84종 2,000여 책에 달하는 왕실 소설이 다시 빛을 보는 순간이었다.

문학사를 뒤흔든 희소식에 세간이 들썩였다. 사흘 뒤 후속 보도가 뒤따랐다. 기사 제목은 「통독자 윤백영 여사가 말하는 그 내력과 일화들 −낙선재 문고와 더불어 반세기−」. 수십 책, 백십여 책의 소설을 한두 편도 아니고 모두 읽은 통독자의 등장이었다.

기사 속 주인공은 사후당師候堂 윤백영尹伯英(1888~1986)이었다. 윤백영은 덕온공주의 영손녀로 왕실 문화에 해박했다. 또 그는 덕온공주가 하가하며 지참했던 왕실 소설을 열독하며 성장했다. 소녀 시절부터 국문 소설에 가장 해박한 인물로 꼽혔으며, 명성은 궁궐에도 알려질 정도였다. 광복 후 그는 왕실 생활사에 관한 정보를 연구자에게 제공했고, 한글 서예 발전에 공헌했다.

윤백영은 할머니 덕온공주가 남겨놓은 왕실 소설을 열독하며 성장했다. 국문 소설에 해박하다는 소문은 구중궁궐 비빈의 귀에도 들렸다. 당시는 여성 사이에 불던 소설 열풍이 아직 가시지 않던 시대였다. 1902년(광무 6) 윤백영은 덕온공주의 유산 가운데 좋은 작품 천여 책을 들고 입궐해 비빈에게 내용을 설명했다.

윤백영은 왕실 소설을 궁궐에 남겨뒀다고 술회한다.[1] 현전 왕실 소설 가운데 덕온공주가 지참했던, 그리고 손녀 윤백영이 궁궐로 들고 갔던 작품을 골라내기란 쉽지 않다. 이렇다 할 흔적이 없기 때문이다. 하지만 새로 발견한 보배로운 국문학 자료 가운데 소녀 윤백영의 손때가 묻은 작품이 다수라는 사실만큼은 분명하다.

윤백영은 조선 최상층 가문의 딸로 태어나 왕실 소설을 읽으며 성장한 인물이다. 윤백영의 인터뷰 기사는 왕실 소설에 관한 많은 정보를 알려준다. 인터뷰 기사를 실마리 삼아 최상층 가문 여성의 인식과 왕실 소설의 특징을 더듬을 수 있다.

윤백영의 말을 듣고 이야기를 이어가겠다. 윤백영은 새롭게 발견한 왕실 소설을 두고 다음과 같이 말한다.

> 윤 여사는 소설이면 70, 80책 이상은 돼야지, 짧고 보면 무식하고 재미적다고 한다. 『춘향전』쯤의 단편은 유식지도 못하고 깊은 뜻이 없다고 단정. "금준미주는 천인혈이요, 옥반가효는 만성고라 (하략)"라고 육조 때 어느 어사의 문구까지 인용했지만 아무래도 잡되고 쌍스럽다는 말이다.[2]

고전 소설이라고 하면 으레 『춘향전』과 『홍길동전』, 『심청전』 등을 떠올린다. 『구운몽』까지 떠올린다면 상식을 제법 갖춘 사람이다. 그만큼 방금 말한 작품은 고전 소설의 대명사라고 해도 과언이 아니다. "아버지를 아버지라고 부를 수 없고 형을 형이라고 부를 수 없다."라는 『홍길동전』 구절은 너무나도 유명하다.

방금 말한 작품 가운데, 『춘향전』을 고전 소설의 백미로 꼽는 연구자가 적지 않다. 혹자는 『춘향전』에서 주체적 여성을 발견하고, 혹자는 육체적, 정신적 교감이 어우러진 '사랑'을 발견한다. 그런데 숱한 이본을 생성하며, 인구에 회자하던 고전 소설 『춘향전』을 두고 윤백영은 깊은 뜻이 없다고 평가한다. 여기에 더해 그는 『춘향전』 속 한시 구절도 잡되다고 말한다. 또 그는 기자에게 명색이 소설이라면, 일흔 책은 되어야 한다고 말한다.

윤백영은 『춘향전』 등과 다른 왕실 소설의 특징을 형태와 내용, 문체 등으로 나눠 설명한다.

> 낙선재 문고의 긴 소설은 "문자가 좋고 윤곽 크고 생각이 점잖고 (하략)" 문장에 막힘이 없고 감정 표현이 풍부하며 일거일동을 섬세하게 그려 읽을수록 끌려들게 마련이라고 한다. 그가 요약하는 이들 소설의 내용은 모두 충효와 정사의 판가름. "예법과 충효하는 기틀이 여기에 다 적혀 있는데 요새 사람들은 어디 봐야죠." 윤 여사는 더하고 싶은 말을 사리듯 입을 꼭 다문다.[3]

낙선재는 창덕궁 경내 전각이다. 왕실 소설이 낙선재에 갈무리되었던 까닭에, '낙선재본' 혹은 '낙선재 문고본'이라고 일컫는다. 윤백영은 낙선재 문고의 왕실 소설 가운데서 '긴 소설'을 예로 든다. 낙선재의 '긴 소설'이야말로 왕실 소설을 대표하기 때문이다.

낙선재 문고의 긴 소설은 '대장편소설'을 말한다. 장편소설 분량을 크게 웃도는 작품을 윤백영은 '긴 소설'이라고 일컫는다. 조선시대 이러한 '긴 소설'은 '대소설'이라고 불린다. 현대 연구자는 대소설이라는 용어를 쓰기도 하고, '대장편소설'이라고 일컫기도 한다. 현대 작품과 구분하지 않고 대하소설이라는 용어를 쓰는 연구자도 있다. 자세한 내용은 잠시 뒤로 미루고, 여기서는 윤백영이 왕실 소설을 '낙선재 문고의 긴 소설'이라고 일컬었다는 사실만 짚고 넘어가겠다.

윤백영이 전하는 왕실 소설의 특징은 이렇다. 첫째, 문자가 좋고 윤곽이 크다. 항간에 팔리던 소설책과 달리 책 자체가 아름답다는 의미다. 둘째, 생각이 점잖다. 남녀상열지사가 나오지 않는 것은 아니나, 왕실 소설은 대개 긴 분량 속에 여러 세대에 걸쳐 가문과 나라의 흥망을 다룬다. 셋째, 감정 표현이 풍부하고 섬세하다. 왕실 소설은 지면에 구애받지 않고 심리와 외관을 꽤 자세히 묘사한다. 그래서 왕실 소설은 『춘향전』등과 품격을 달리하며, 읽으면 읽을수록 빠져든다고 윤백영은 설명한다. 요컨대, 소설이라고 다 같은 소설이 아니라는 말이다.

고봉高峰, 준령峻嶺도 산세山勢가 천차만별이듯, 소설도 그렇다. 산세의 빼어남을 꼽자면 '낙선재 문고의 긴 소설'은 단연 황산黃山에 비견된다. 일찍이 명나라 서하객徐霞客은 황산을 보고 오니 오악五嶽

이 눈에 들지 않았다고 토로한 바 있다. 왕실의 긴 소설을 통독한 윤백영에게 『춘향전』 같은 작품은 눈에 차지 않았던 셈이다.

이 책의 관심사는 넓게는 왕실의 생활이다. 생활 가운데서도 '소설'에 빠졌던 왕실의 나날에 주목한다. 논의 순서는 다음과 같다.

1장에서 왕실 소설의 발굴 경위를 살핀다. 왕실 소설은 창경원 장서각에서 발견된다. 왕실 소설이 다시 빛을 보기까지 스승과 제자였던 세 사람이 결정적 역할을 한다. 일제강점기 징용으로 장남을 잃은 가람 이병기, 오사카 포병부대에 배치되었던 백영 정병욱, 징병을 거부하다가 함경도에서 노역했던 황손皇孫 이해청 이렇게 세 사람이다.

2장에서 조선 왕실의 소설 향유 문화를 일별한다. 선조부터 정조까지 연대별로 나열하며 살필 예정이다. 임금이 소설을 읽는 것은, 시대에 따라 지양하거나 지향할 일로 취급된다. 유신儒臣은 임금이 소설을 읽지 않도록 막았지만, 영조 대에 이르면 경연經筵 자리에서 소설 내용이 언급되기도 한다. 정조 대에 이르면, 임금 빼고 왕실 모두가 소설에 빠지는 상황이 연출된다.

3장에서 낙선재 문고의 성립 과정을 들여다본다. 장춘각과 여휘각, 관문각, 연경당 등등을 거쳐 왕실 소설은 낙선재에 군집된다. 이후 한국전쟁 중 창경원 장서각으로 이관된다. 이어서 왕실 소설의 외형과 내용적 특징을 살핀다. 줄거리 소개보다 내용에서 배태된 왕실 소설의 기능과 역할에 주목할 예정이다. 고전이라고 하면, 천편일률적이라고 생각한다. 하지만 왕실 소설은 문제의식이 남다르다. 진중한 문제의식을 보이며, 동시에 파격적 설정도 선보인다. 이러한 논의를 통해 '왕실에서 소설을 왜 읽었는가?'라는 물음에 거칠게나마 답한다.

4장에서 왕실 소설의 문화사적 의의를 타진한다. 소설을 탐독하던 왕실의 생활은 사회적·문화적 변화 및 그 이면에 자리한 인식의 변천을 여실히 보여준다. 왕실의 소설 문화는 소설 자체에 대한 인식 변화를 추동했으며 이는 출중한 작품의 등장으로 이어진다.

소설에 빠졌던 왕실의 나날은 생활사, 문화사 측면에서 더할 나위 없이 흥미로운 주제였다. 하지만 관련 기록은 몹시 영성零星했다. 『승정원일기』, 『조선왕조실록』, 왕실의 편지 등에서 낙수落穗를 주워 모았으나 그 양은 많지 않았다. 그나마도 영·정조 대에 편중되어, 소설을 탐독하던 왕실의 생활을 생생하게 그려내기에 턱없이 부족했다. 부족분不足分은 야담이나 문집의 기록으로 최대한 기웠고 그래도 깁지 못한 부분은 선행 연구로 보충했다. 이로써 소설에 매료되었던 왕실의 나날을 일반 대중의 시야에서 최대한 해상도 높게 제시하고자 노력했다.

1
___

왕실 소설을 찾아서

# 1966년 빛을 본 왕실 소설

"창경원 장서각에서 최근 귀중한 문학자료들이 발견되어
국문학자들을 크게 긴장시키고 있다."

—『중앙일보』, 1966년 8월 22일 머리기사

1966년 8월 22일은 한국 신문 간행사의 이례적 날이었다. 이날 문화 기사가 정치, 경제 기사를 제치고 최초로 머리기사를 장식했다. 기자는 자못 격양된 필치로 희소식을 전했다. 새로 발견한 자료는 "한국 문학사의 주춧돌을 움직이게 하는 보배로운"[4] 전적이라고 평가되었다. 문학사의 주춧돌을 움직일 귀중한 전적은 다름 아닌 왕실 소설이었다.

왕실 소설이 발견된 곳은 서울의 대표적 유원지였던 창경원이다. 서울을 대표하는 유원지였으나, 지금 20~30대에게 '창경원'이란 이름은 퍽 낯설 것이다. 그도 그럴 것이 창경원은 20세기 초 창경궁昌慶宮 자리에 들어섰던 유원지다. 1909년 개장하여 유지되다가 1983~1986년 철거된다. 왕실 소설은 이 창경원 내 장서각에서 발견된다. 유원지 속 도서관이라는 어색한 곳에 '왕실 소설'이 잠들었던 셈이다.

창경원 장서각에 얽힌 이야기는 잠시 미뤄두고, 왕실 소설이 발견된 경위부터 살펴보겠다. 1966년 8월 22일 『중앙일보』에 따르면, 왕실 소설은 백영 정병욱이 발견한다. 정병욱은 윤동주의 친필 원고를 세상에 전한 것으로 유명한 국문학자다. 그의 호 백영은 윤동주 시인의 「흰 그림자」에서 가져온 것이다.

그런데 정병욱보다 더 먼저 왕실 소설을 언급한 학자가 있다. 그의 스승 가람 이병기다. 이병기는 서울대학교에서 정병욱을 가르친 바 있다. 여기에 함께 언급할 사람이 더 있다. 스승과 동문에게 낙선재 문고를 설명했던 인물이 바로 정병욱과 동문수학하던 황손皇孫 이해청이다.

이해청은 고종의 손자이자 의친왕의 7남으로 왕실 문화에 해박했다. 그는 낙선재 문고와 소장 전적을 스승 이병기와 동문 정병욱에게 알렸던 것으로 추정된다. 왕실 소설의 발견을 알렸던 기사가 나고 닷새 뒤 정병욱은 『중앙일보』 기자와 인터뷰하며, 발견 경위를 설명한다. 여기서 정병욱은 1946년 이해청과 함께 수학하며, 낙선재 문고를 알았고 이때 목록을 정리했다고 증언한다. 정병욱의 목소리를 듣고 논의를 이어가겠다.

그때 나는 고 이해청 형(이기용의 사자)과 함께 수학 중이었던 때라 그를 통해 이 책들을 볼 기회와 빌어 낼 기회를 아울러 가졌었다. 그리고 그때 벌써 목록을 작성해 뒀기 때문에, 이번 발굴 작업의 계기가 이미 비롯됐던 것이라고도 하겠다.[5]

1946년 당시 이병기는 서울대학교에서 교편을 잡았다. 이 무렵 이병기의 일기에서 '정병욱 군'을 찾는 것은 어렵지 않다. 1947년 1월 29일 일기를 보면 "국문학과 구 2년생 정병욱 군이 고향 하동을 갔다 왔다고 해의 다섯 톳을 가져왔다."라고 나온다. 이틀 뒤 1월 31일 일기에도 "정병욱 군이 와 『어우야담』을 벗겼다."라고 나온다.[6] 사제지간은 이처럼 돈독했다.

그도 그럴 것이, 이병기는 일제강점기 강제 징집으로 장남을 잃었다. 장남 이동희는 1944년 강제 징집되어 히로시마 서부 부대에 배치되었고 이후 연락이 끊겼다. 제자 정병욱은 같은 해 강제 징집되어 오사카 방공포대에서 2차 세계대전을 겪었다. 정병욱이 있던 오사카는 미군의 폭격이 잦았던 곳으로, 민간인 사상자만 1만 명에 달했다. 이해청은 학도지원병學徒志願兵을 거부하다가 함경도 원산 철공장에서 노역했다.

광복한 조국에서 사제 인연을 맺었을뿐더러, 징용과 관련된 상처를 지녔던 세 사람이니 사제지간은 남달랐을 터였다. 또 이병기의 장남과 제자는 두세 살 터울이었다. 장남 이동희는 1924년생, 정병욱은 1922년생, 이해청은 1921년생이었다. 일제의 징병에 장남을 잃은 이병기에게 오사카에서 생환한 정병욱, 학도지원병을 거부했던 이해청은 각별할 수밖에 없었다.

정병욱은 1946년 이해청의 증언을 듣고 낙선재 문고를 알았다고 증언했다. 두 사람이 이병기의 가르침을 받을 때였다. 그런데 이병기는 1940년에 이미 왕실 소설의 존재를 알았다. 이병기는 왕실 소설의 목록을 『문장』에 기고한 이력도 있다. 이후 이병기는 1957년 『국문학전사』에서 다시 한번 왕실 소설을 언급했다.

그런데 1940년, 1957년 똑같이 왕실 소설을 언급했으나, 설명은 미묘하게 다르다. 먼저 1940년 이병기가 『문장』에 게재한 「조선 어문학 명저 해제」를 살피고 논의를 이어가겠다.

215. 완월회맹 운현궁 장 200책 사본 인간행락의 총서

이하는 번역 소설

216. 삼국지 홍택주 장 39책 사본

217. 수호지 동 35책 사본

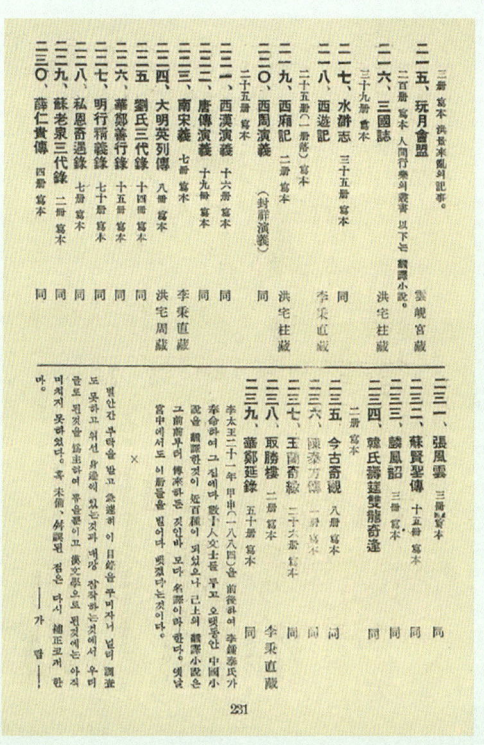

**그림 1**

이병기, 「조선어문학명저朝鮮語文學名著」, 『문장』 19, 1940.

이후 이병기는 『국문학전사』를 저술하며 낙선재에 관한 설명을 추가한다.

218. 서유기 이병직 장 25책(1책 낙) 사본

219. 서상기 홍택주 장 2책 사본

220. 서주연의(봉신연의) 동 25책 사본

221. 서한연의 동 16책 사본

222. 당전연의 동 19책 사본

223. 남송의 이병직 장 7책 사본

224. 대명영렬전 홍택주 장 8책

225. 유씨삼대록 동 14책 사본

226. 화정선행록 동 15책 사본

227. 명행정의록 동 70책

228. 보은기우록 동 7책 사본

229. 소로천삼대록 동 2책 사본

230. 설인귀전 동 4책 사본 동

231. 장풍운 동 3책 사본 동

232. 소현성록 동15책 사본

233. 인봉소 동 3책 사본

234. 한씨수연쌍룡기봉 동 2책 사본

235. 금고기관 동 8책 사본 동

236. 진대방전 동 1책 사본 동

237. 옥란기연 동 26책 사본 동

238. 취승루 이병직 장 2책 사본

239. 화정연록 동 50책 사본

이태왕李太王 이십일二十一 년年 갑신甲申(일팔팔사一八八四)을 전후前後하여 이종태李鍾泰 씨氏가 봉명奉命하여 그 집에다 수십인數十人 문사文士를 두고 오랫동안 중국소설中國小說을 번역飜譯한 것이 근백종近百種이 되었으나 이상己上의 번역 소설飜譯小說은 그 전전前前부터 전래傳來하든 것인바 모다 명역名譯이라 한다. 옛날 궁중宮中에서도 이 책冊들을 빌어다 베꼈다는 것이다.[7]

이병기는 조선의 명저를 나열하며 상기한 소설을 제시한다. 위에 나열한 소설은 모두 왕실 소설이다. 이병기는 『완월회맹연』을 뺀 나머지 소설을 이종태李鍾泰와 문사 수십 인이 번역한 중국 소설로 규정한다. 『완월회맹연』은 『송남잡지』에 전주이씨 소작으로 나오기 때문에 우리 소설로 분류했지만, 왕실 소설 태반을 번역 소설 일색으로 규정한 것이다. 이럴 수밖에 없던 이유는 "신변身邊에 있는 것과 대강 짐작하는 것에서 우리 글로 된" 전적을 기재했다는 말에서 찾을 수 있다. 이병기는 왕실 소설의 실물을 열람하지 못한 채로 국적을 대강 짐작해 글을 게재했던 것이다.

1957년 『국문학전사』의 설명은 조금 다르다. 전에 없던 내용이 추가된다.

고종高宗 이십일년二十一年을 전후하여 문사文士 이종태李鍾泰라는 이가 황제皇帝의 명命을 받아 문사 수십 명을 동원하여 오랫동안 중국소설中國小說을 번역한 것이 근백종近百種에 가까웠고, 또 창덕궁昌德宮 안에 있는 낙선재樂善齋(왕비王妃의 도서실圖書室)에는 한글로 된 서적書籍이 지금 사천여 책四千餘册이나 있는바 그중에는 번역소설飜譯小說이 대부분이고 더러는 국문학國文學의 귀중본도 끼어 있었다.[8]

이병기는 1957년 저작인 『국문학전사』에서 낙선재를 '왕비의 도서실'이라고 부연하고 이어서 한글로 된 서적이 4천여 책이나 있다고 설명한다. 번역 소설이 대부분이라는 점을 강조해 1940년 『문장』에 게재한 「조선 어문학 명저 해제」의 관점을 이어갔으나, 왕비의 도서실 낙선재와 한글 서적에 관한 설명은 새로 추가한 것이다.

낙선재(왕비의 도서실)에 관한 설명은 전에 없던 내용이다. 해당 정보는 궁궐 내 사정을 잘 아는 인물이 주었을 터이니, 그 주변인을 이해청으로 봐도 큰 무리는 없다. 정병욱 역시 인터뷰에서 낙선재본 문고에 관한 정보를 1946년 이해청에게 얻었다고 증언한다. 1946년 당시 정병욱과 이해청을 가르치던 교수가 바로 이병기다. 이해청은 의도치 않게 스승과 동문에게 한국 문학사의 주춧돌을 옮직일 정보를 알린 셈이다.

이병기가 왕실 소설의 존재를 인지한 것은 1940년 이전이다. 이후 서울대학교에서 강의하며 정병욱과 비슷한 시기에 이해청에게 낙선재 문고와 한글 전적에 관한 설명을 들었을 터다. 이병기가 낙선재를 왕비의 도서실이라고 설명한 새로운 내용을 1957년『국문학전사』를 저술하며 첨입했던 이유다. 하지만 정작 왕실 소설은 정병욱이 발견한다. 여기에는 현대사의 큰 격변이 자리한다.

한국전쟁이 발발하고 불과 사흘 만에 서울이 함락된다. 이때 파죽지세로 남하하던 북한군 부대에 학자들이 파견된다. 김일성은 "전쟁으로 우리 민족이 이룩한 모든 귀중한 것들이 위험에 처했는데 민족의 제보를 우리가 아니면 누가 구원하겠는가!"라고 훈시하고 학자들을 소집해 서울로 파견한다. 이들을 통해 문화재를 호송하라는 김일성의 지령이 하달되자 부대별로 북송 작전에 돌입한다.

김일성의 명령으로 서울에 파견된 북한 학자들은 북한군과 함께 창경궁 장서각 소장『조선왕조실록』을 북송했다. 적상산 사고본『조선왕조실록』은 이때 북송되었으며, 잔권만 남한에 남았다. 또 북한 학자들은 낙선재 전적의 가치도 알아보고 발 빠르게 움직였다.

김일성이 혜안을 갖고 전쟁 중 문화재를 수습하라고 명령한 것으로 기록했으나, 조언한 인물은 따로 있었을 것이다. 김일성은 이 인물의 조언을 받아 조선 왕실의 전적을 '구원(?)'하라고 지시했을 터였다. 군사작전을 벌여 왕실 전적을 북송하도록 조언했던 인물은 누구일까? 한국전쟁 당시 북한 군사위원회 위원 가운데 문학계의 저명한 인사를 꼽자면 벽초 홍명희가 있으나, 확언은 어렵겠다.

당시 낙선재 전적은 트럭 한 대 분량으로 포장을 마친 상태였다. 출발 명령을 기다리던 사이에 인천상륙작전이 있었다. 북한군은 포장까지 마친 낙선재 전적을 두고 급히 후퇴했다. 9월 28일 국군은 이를 수습해 창경원 장서각에 이관했다.

이병기는 같은 해 10월 국방부 정훈국 전사편찬위원장을 역임했다. 전사戰史 편찬 사업을 총괄했으므로, 왕실 소설의 장서각 이관 사실을 모를 수 없었다. 하지만 이병기는 1954년 10월까지 전사편찬위원장을 맡으며 장서각으로 이관된 왕실 소설을 돌아볼 여유가 없었다. 또 그는 왕실 소설 태반이 중국 소설의 번역본이라는 관점을 가졌었다. 업무와 선입견으로, 이병기는 장서각으로 이관한 왕실 소설을 몸소 열람하는 데까지 이르지 않았다. 그 결과 이병기는 1957년 『국문학전사』에서 종래 관점을 유지하며 이해청에게 들은 정보를 보태는 데 그쳤다.

제자 정병욱은 달랐다. 그는 이해청을 통해 낙선재본 전적 몇 종을 열람할 수 있었다.[9] 내용을 확인하지 못했던 이병기는 왕실 소설

(京19)　MUSEUM PRINCE PALACE　館本物博內苑御宮慶昌城京　(所名鮮朝)

**그림 2**

장서각(구舊 이왕가박물관), 1909년 이왕가박물관으로 개장했다.
이왕가박물관은 1938년 덕수궁 경내로 이관되었고 해당 건물은 장서각으로 쓰였다.

대부분을 중국 소설로 규정했고, 정병욱은 몇 종이나마 읽고 연구의 필요성을 절감했던 것이다. 이후 정병욱은 서울대학교 동아문화연구소 연구 사업의 일환으로 1965년 8월부터 1966년 7월까지 장서각 고전적을 조사했다. 왕실 소설이 세상에 다시 빛을 본 것은 사제와 동문의 인연 덕분이었다.

따라서 왕실 소설의 서목을 세상에 처음 알린 사람은 이병기지만, 이를 보배로운 우리 문학으로 세상에 알린 공은 정병욱에게 돌리는 게 합당하다. 정병욱에 이르러 왕실 소설이 우리 문학사에 편입되었기 때문이다.

만약 이병기, 정병욱, 이해청이 사제의 연을 맺지 않았다면, 북한군이 포장을 일찍 마쳤다면, 인천상륙작전이 며칠이나마 늦었다면, 정병욱이 한국전쟁 중 불운不運에 맞닥뜨렸다면 아마도 왕실 소설은 북한에 있거나, 한참 뒤에나 알려졌을 터였다. 이처럼 우연과 인연이 겹친 다음에야 왕실 소설은 다시 빛을 볼 수 있었다.

창경원 장서각에 소장되었다가 다시 빛을 본 왕실 소설은 84종 2,000여 책에 이른다. 84종 가운데 한국 소설이 42종(『남계연담』 포함), 중국 번역 소설이 35종, 민간 소설의 이본이 7종이다.

| | | |
|---|---|---|
| 1. 구래공정충직절기 | 2. 금환기봉 | 3. 낙성비룡 |
| 4. 낙천등운 | 5. 남계연담 | 6. 명주기봉 |
| 7. 명주보월빙 | 8. 명행정의록 | 9. 문장풍류삼대록 |
| 10. 범문정충절언행록 | 11. 벽허담관제언록 | 12. 보은기우록 |
| 13. 쌍천기봉 | 14. 양문충의록 | 15. 양현문직절기 |
| 16. 엄씨효문청행록 | 17. 영이록 | 18. 옥란기연 |
| 19. 옥원중회연 | 20. 완월회맹연 | 21. 위씨현행록 |
| 22. 유씨삼대록 | 23. 유이양문록 | 24. 윤하정삼문취록 |
| 22. 유씨삼대록 | 23. 유이양문록 | 24. 윤하정삼문취록 |

| 25. 이씨세대록 | 26. 임씨삼대록 | 27. 천수석 |
| 28. 청백운 | 29. 취승루 | 30. 태원지 |
| 31. 하씨선행후대록 | 32. 하진양문록 | 33. 한조삼성기봉 |
| 34. 현봉쌍룡기 | 35. 현씨양웅쌍린기 | 36. 화문록 |
| 37. 화산기봉 | 38. 화산선계록 | 39. 화씨충효록 |
| 40. 화정선행록 | 41. 효의정충례행록 | 42. 옥호빙심 |

**다음은 번역 소설의 목록이다.**

| 1. 금고기관 | 2. 당진연의 | 3. 대명영렬기 |
| 4. 무목왕정충록 | 5. 보홍루몽 | 6. 북송연의 |
| 7. 빙빙전 | 8. 삼국지통속연의 | 9. 서주연의 |
| 10. 선진일사 | 11. 설월매전 | 12. 성풍류 |
| 13. 속홍루몽 | 14. 손방연의 | 15. 여선외사 |
| 16. 옥호빙심 | 17. 요화전 | 18. 인봉소 |
| 19. 잔당오대연의 | 20. 재생연전 | 21. 주선전 |
| 22. 진주탑 | 23. 충렬소오의전 | 24. 충렬협의전 |
| 25. 쾌심편 | 26. 태평광기언해 | 27. 평산냉연 |
| 28. 평요기 | 29. 포공연의 | 30. 형세언 |
| 31. 홍루몽 | 32. 홍루몽보 | 33. 홍루복몽 |
| 34. 후수호지 | 35. 후홍루몽 | |

왕실 소설은 우리가 익히 알던 고전 소설과 달랐다. 방대한 분량, 치밀한 구성, 심도 있는 문제의식은 『홍부전』이나 『심청전』, 『춘향전』과 판이했다. 180책에 달하는 방대한 분량의 작품이 있는가 하면, 전작과 후작을 이어가며 후속세대까지 주목한 작품도 있었다. 남자가 여자, 여자가 남자로 환생하는 설정, 역적의 아들이 조부를 부친으로 여기며 성장하는 내용 등 현대 드라마에서나 볼 법한 이야기가 연구자의 이목을 사로잡았다. 1966년 8월 22일 한국의 고전 연구는 말 그대로 일대 전환기를 맞이했다. 이때 일었던 연구의 불꽃은 지금도 사그라지지 않았다.

# 왕실 소설이 일으킨 파장

## 우리 소설인가?

"낙선재문고 | 큰사전에도 없는 어휘들 | 우아하고 부
드러운 문체 | 어학적인 자료로도 | 주제는 대개가 권선
징악적인 것 | 중국소설 가려내는 게 난점"

─『중앙일보』, 1966년 8월 27일

왕실 소설을 발견하며 연구의 불꽃이 일었던 8월 중국 역시 고전
분야에 불꽃이 일었다. 하지만 불꽃이 일었던 곳은 달랐다. 한국은
연구자, 중국은 무산계급 사이에서 일었다. 중국의 불꽃은 말 그대
로 화마火魔였다. 이 화마는 문화대혁명이라는 이름 아래 전통과 정
신문화를 불살랐다. 한국의 불꽃이 어둠 속에 있던 자료를 밝혔다
면, 중국의 불꽃은 자료를 집어삼키며 시커먼 재만 남겼다.

공교롭게도 같은 해, 같은 달에 한국은 고전 자료를 찾아내 이를
탐구하는 연구의 불꽃이 타올랐다. 서해西海를 이웃한 옆 나라는 있
던 것은 물론이고, 보이지 않던 것도 찾아내 불사르는 혁명의 불꽃
이 일었다. 따라서 1966년 8월은 우리나라 신문 간행사의 특기할

'달'이면서, 한중 두 나라 인문학계의 변곡점이 되었던 자못 특별한 달이었다.

이는 왕실 소설 전공자의 과도한 의미 부여일 뿐일까? 물론, 과도한 부분이 없지 않을 것이다. 하지만 창경원 장서각에 수장되었던 왕실 소설의 면면과 발견 이후 연구사를 보면 과도하다고 단언할 수 없다. 왕실 소설의 발견은 다양한 연구를 촉발하며, 문학사를 조망하는 새로운 방법론의 모색으로 이어진다.

왕실 소설의 면면은 너무나 새로웠다. 형태, 분량은 물론 내용도 익히 알던 고전 소설과 달랐기에, 왕실 소설은 국적 논란에 휩싸였다. 이채로운 형태와 서사도 그렇거니와, 일찍이 이병기가 이종태와 문사 수십 인이 궁궐에서 중국 소설을 번역했다고 기술했기에, 왕실 소설의 국적을 두고 연구자의 서로 다른 시각이 팽팽히 맞섰다.

국적 논란이 전개되었으니 중국 측 연구자와의 공동연구를 고려해 볼 수 있었겠으나, 국제 정세는 그렇지 못했다. 중국과는 수교 전이었고, 설사 교류가 있다손 치더라도 8월이면 문화대혁명의 불길이 타오르던 때였다. 중화민국은 훌륭한 학자가 대거 포진했었으나, 문화대혁명에 대응해 중화문명부흥운동을 벌이느라고 부산했다. 중국 측과 함께 비교 연구를 진행할 국제 정세도 아니었고, 1960년대 한국은 그러한 여력도 없었다.

국내 연구자는 우선 왕실 소설의 내용에 주목했다. 하지만 이 역시 쉽지 않은 작업이었다. 왕실 소설은 중국 역사를 반영하며, 실존 인물이 대거 등장했다. 『범문정충절언행록』 31권 31책만 하더라도 송나라 명신 범중엄이 주인공이며 구법당과 신법당의 대립을 다뤘다. 또 왕실 소설은 중국 문헌을 그대로 번역하다시피 문면에 수록한 작품도 많았다. 여기에 더해 전해 본 적 없는 '호대한 분량'은 왕실 소설의 국적을 '중국'처럼 보이게 하는 착시를 일으켰다.

　　국적 비정은 우리 문학사에서 작품이 지니는 의의를 찾기 위해 꼭 선결할 과제였다. 조금도 소홀히 할 수 없었다. 국내 연구자들은 관련 자료를 발굴 및 연구하며, 왕실 소설의 국적을 판별해 나갔다. 『옥원재합기연』에서 다량의 우리 소설 서명을 찾았고, 『송남잡지』에서 『완월회맹연』 작가 전주이씨를 찾았다.[10] 또 중국 소설 『경화연』의 번역인 홍희복, 『제일기언』 서문에서 『유씨삼대록』, 『명주보월빙』, 『완월회맹연』 등 우리 대장편소설의 제명을 다시 확인했다.[11] 작품 사이 관계 예컨대, 전작과 후작, 본작과 파생작의 관계가 규명되고 작품 분석이 진척되며 왕실 소설 대부분은 우리 소설로 비정되었다.

　　왕실 소설 가운데 『태원지』는 국적 논란의 중심에 있던 작품이다. 『태원지』는 사도세자가 서문을 쓴 소설 삽화집 『중국소설회모

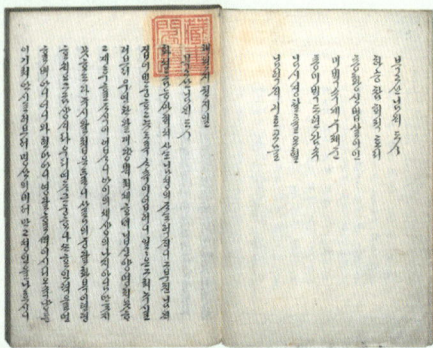

『태원지』는 뜻하지 않게 이세계에 발을 들인 주인공 일행이 바다에 표류하며 여러 요괴를 물리치다가 대륙 태원에 당도한다는 내용이다.

본』「소서小序」에 언급된다. 『중국소설회모본』은 당시 왕실에서 읽던 중국 소설을 망라했으므로, 서문에 언급된 『태원지』는 자연스럽게 중국 소설로 취급된다. 다음은 『태원지』와 함께 언급된 작품이다. 모두 중국 소설이다.

| 1. 금고기관 | 2. 북송연의 | 3. 빙빙전 |
| 4. 서주연의 | 5. 선진일사 | 6. 손방연의 |
| 7. 인봉소 | 8. 태원지 | 9. 포공연의 |
| 10. 형세언 | 11. 황명영렬전 (대명영렬전) | 12. 후수호지 |

『태원지』의 서사는 매우 독특하다. 원元에게 핍박받던 임성의 무리가 바다를 표류하다가 태원이라는 대륙에 표착해 그곳을 통일한다는 게 서사의 대강이다. 섬에 정박해 요괴를 퇴치하는 장면이나, 전쟁 장면에서 『서유기』, 『삼국지연의』 영향이 강하게 나타난다. 또 앞서 말했듯 『태원지』는 『중국소설회모본』 「소서」에서 중국 소설 가운데 언급된다. 서사도 낯설었고 사도세자의 언급도 있던 터라 『태원지』는 오랜 시간 중국 소설의 번역물로 취급된다.

그러다 2009년에[12] 이르러서야 『태원지』는 우리 소설로 판명된다. 『태원지』에 우리 문헌인 『동몽선습』의 구절이 그대로 들어가 있었던 것이다. 이후 2016년 『태원지』의 한문본이 발견되면서, 국적 논란은 완전히 종식된다.

『태원지』가 우리 소설사에 편입되는 과정에 재밌는 사실이 하나 있다. 2009년 『태원지』를 우리 소설로 비정했던 연구자와 한문본

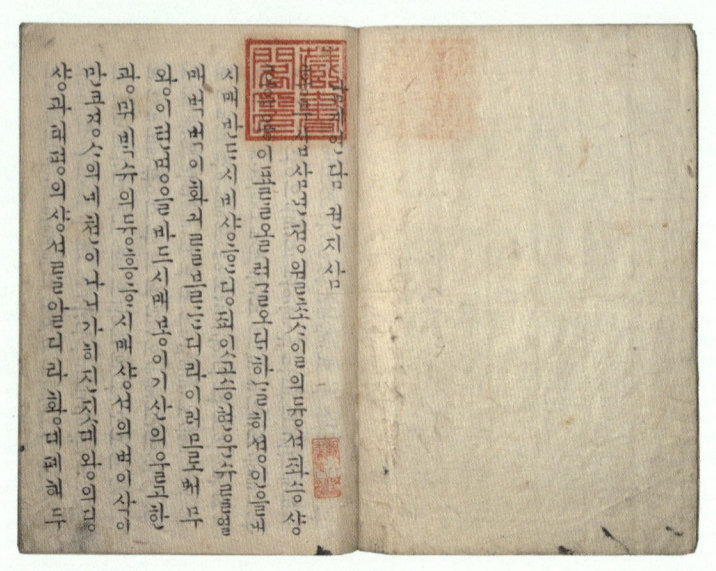

**그림 5** ────────────────

『남계연담』 권1 본문, 한국학중앙연구원 장서각 소장

권수제 아래에 관문각서화기觀文閣書畫記를 압인하여 원소장처가 관문각임을 알 수 있다.

을 발굴해 국적 논란을 종식했던 연구자의 관계다. 두 연구자는 이병기와 정병욱처럼 사제관계다. 사제의 연이 없었다면, 『태원지』의 국적은 더 오랫동안 조선과 중국을 오갔을 것이다.

또 국적이 오간 작품으로 『취승루』를 꼽을 수 있다. 『취승루』는 이렇다 할 근거 없이 연구자의 인상에 따라 중국 소설로, 우리 소설로 논의된다. 그러다가 『구운몽』 구절을 서술에 활용한 사실이 밝

혀지며, 국적 논란은 종식된다.[13]

『남계연담』은 우리 작품일 가능성이 높지만 국적 논란이 종식되었다고 하기 어렵다. 『태원지』와 『취승루』처럼 명백한 증거가 나오지 않았기 때문이다. 『남계연담』은 영조가 애독했던 소설로, 현재 낙질만 전한다. 후반부 내용이 궁금했는지, 아니면 원전 내용이 궁금했는지 확언은 어렵지만, 영조는 두 차례에 걸쳐 중국행 사신에게 『남계연담』을 구득求得하여 올 것을 명령한다.

중국 소설이니 중국에서 사 오라고 했을 법하지만, 사정은 간단하지 않다. 『남계연담』은 중국 소설 『영렬전』은 물론이고 『황명통기』를 수용한다. 중국 문헌을 수용했으므로, 중국 작품일 가능성이 높겠으나, 중국 소설과 역사서를 짜깁기하는 기법은 우리 고전 소설에서 흔히 찾을 수 있다.

또 이 작품은 주원장, 유기, 호유용 등 명초 실존 인물을 내세워 역사소설의 면모를 갖춘다. 그런데 정작 등장인물이 읊는 한시 가운데 출전 미상의 것들이 나타난다. 역사적 인물이 등장하여 시를 쓰고 읊으면, 출전이 있기 마련인데 이 작품은 그렇지 않다.[14] 여기에 더하여 진우량陳友諒이 영락제 주체의 아들 주고후朱高煦로 환생하여 중원의 패권을 노린다는 설정은 중국 연의소설 전통에 어울리지 않는다.

『이재난고』 기록 역시 『남계연담』이 우리 소설일 가능성을 보여
준다. 이재頤齋 황윤석黃胤錫은 『이재난고頤齋亂藁』에서 영조가 서명
응에게 소설을 사 오라고 부탁했던 일을 비교적 상세히 적고 『탁
록연의』를 조선인의 소작이라고 설명한다.[15] 『탁록연의』는 영조가
『남계연담』과 함께 사 오라고 명했던 소설이다. 임금의 명을 받은
사신이 두 차례 사행에서 구하지 못한 작품이라면, 우리 소설일 가
능성이 크겠다.

어떤 이가 썼는가?

분량에 더해 전아한 문체와 몇몇 작품에 나타난 한시는 왕실 소
설의 작자 문제를 촉발했다. 그간 학계의 논의는 몰락 양반이 이름
을 숨긴 채 호구지책으로 소설을 썼다거나, 재주 있는 여성이 소설
을 써 이름을 알리려 했다고 논의했다.[16] 왕실 소설의 발견은 거질
자료를 열람하며, 기존 한시를 수정하여 활용할 만한 문식文識을 갖
춘, 새로운 작가층을 추가하는 계기가 되었다.

예컨대, 『명행정의록』 같은 작품은 분량도 분량이지만, 179수
에 달하는 한시를 문면에 제시한다. 그 가운데 명말청초 시단의 거
목이던 목재 전겸익錢謙益의 작품이 다수 있다. 이 작품은 『목재초
학집』, 『목재유학집』에서 장면에 어울릴 만한 한시를 선정해 그대

로 삽입하고 있다. 또 이 작품은 명나라까지의 역대 명편을 수록한 『명시종』뿐만 아니라, 다양한 시선집과 시화집도 활용한다. 작가의 박람에 감탄하지 않을 수 없는 부분이다. 창작에 활용된 서책이 거 질이며 다종다양하고, 실제 작품의 분량이 호대하므로, 왕실 소설 의 작가는 각종 거질의 자료를 활용하며, 충분한 여유를 갖고 창작 에 임했을 것이다. 왕실 소설의 발견을 계기로 몰락 양반이 아닌 상 층 사대부가 새롭게 국문 소설의 작가층으로 대두된 것이다.

이 문제는 다시 작가의 성별 문제로 전환된다. 『명행정의록』(70 책)과 같은 작품은 『명시종』, 전겸익의 문집 등 거질 한적漢籍을 탐 독한 것으로 봐서 그 작가는 상층 남성으로 추정된다. 특히 한시를 능수능란하게 변용해 삽입하는 점은 작가가 오랜 시간 한시를 공부 한 인물임을 보여준다.

『위씨오세삼난현행록』의 작가도 다시 생각해 볼 여지가 있다. 그간 『위씨오세삼난현행록』의 작가는 상궁 등 여성으로 추정되었 다.[17] 작중 연회 장면이 의궤를 옮겨 놓은 듯하며, 의례 물품을 장황 하게 나열하는 서술이 나타나기 때문이다.

하지만, 궁사宮詞를 짜깁기한 구절을 문면에 보여주고 있어, 궁녀 보다 한시에 능숙한 남성일 가능성도 없지 않다. 물론, 궁사가 궁녀 에 빗대어 읊는 한시이므로, 상궁의 소작으로 보는 관점을 보강하는 듯 보이는 게 사실이다. 하지만, 해당 한시는 궁녀의 심정이 아닌, 궁중 묘사에 쓰이며 여러 궁사를 조합해 한 편으로 제시한다. 궁사 원문을 숙지한 작가가 변용한 것이다. 궁사를 조합하거나, 장면에 어울리는 명편을 뽑아내려면, 한시에 대한 상당한 지식과 안목이 필요할 터다. 여기에 더해 작중 진작연의 무舞와 악장樂章은 『명회전』이나 『명사』의 예악禮樂 관련 기록을 참조한다.[18] 이러한 면면을 고려하면 『위씨오세삼난현행록』의 작가는 궁궐과 깊은 연관이 있는 남성일 가능성이 높다.

『명행정의록』은 70책, 『위씨오세삼난현행록』은 27책에 달한다. 왕실 소설 가운데 이토록 긴 작품은 개인의 저작일까? 아니면 집단 창작의 결과일까? 이 역시 왕실 소설을 둘러싼 논란 가운데 하나다.

왕실 소설 가운데 『완월회맹연』은 180권 180책에 이르는 방대한 분량을 자랑한다. 조재삼趙在三(1808~1866)은 『송남잡지』에서 완월은 안겸제安兼濟(1724~?)의 어머니 전주이씨가 궁중에 흘려보내 명성과 영예를 넓히고자 했다고 기록한다.[19] 이 기록을 신뢰하는 쪽은 『완월회맹연』 180책을 안겸제의 모친 전주이씨의 저술로 본다.

반면, 집단창작의 결과물로 보는 쪽도 있다. 전주이씨를 중심으로 한 인척姻戚의 창작물로 보는 견해다. 이 견해는 18세기 집단창작 문화를 근거로 삼는다. 이유원李裕元(1814~1888)의 『임하필기

林下筆記』는 고전 소설의 창작과 관련해 흥미로운 사실을 전한다.

원교 이광사의 자녀 남매가 언서고담을 지어『소씨명행록』이라 했는데, 가고家故를 당하여 한쪽 구석으로 밀어두었다. 이광사의 꿈에 한 여자가 나타나서 소씨라 자칭하며 그를 책망했다.

> "어찌하여 사람을 불측지지不測之地에 빠뜨려 놓고 신원설치를 해 주지 않는가?"
>
> 원교 이광사가 깨어나서 크게 놀란 나머지 미편未編을 계속하여 짓는데 형제와 숙질이 앉아 도왔다. 제삿날인데도 밤이 깊은 줄을 모르니 제사는 자못 늦어졌다. 어찌 문자의 묘가 이처럼 신이한 경지에 들어간 것이 아니겠는가?[20]

흥미로운 기록이다. 소설을 통해 새로운 세계가 창조되는 것도 재밌지만, 그렇게 창조된 세계 속 인물이 현실 세계에 직접 호소하는 부분도 무척 이채롭다. 이광사가 실제로 저러한 꿈을 꿨고 이를 주변에 이야기했을 법하다. 논문을 쓰거나 창작에 몰두하다가 작중 등장인물을 만났다는 이야기는 지금도 심심치 않게 들린다.

먼저 주목할 것은 이광사의 자녀 남매가 함께 언서고담을 썼다는 구절이다. 남매가 함께 글을 썼으니『소씨명행록』은 남매의 공저로 볼 수 있다. 꿈은 이광사가 꾸었으니, 남매가 『소씨명행록』을 쓸 때 그가 소씨를 불측지지에 빠트리는 장면을 조언했다고 보는 게 맞다. 소씨가 『소씨명행록』의 저자가 아닌 이광사에게 현몽했기 때문이다. 소씨의 책망은 자신을 불측지지에 빠트린 당사자에게 '당신이 이렇게 썼으니' 혹은 '당신 조언 때문에 이렇게 됐으니' 책임지길 바란다는 의미다.

인용문에 따르면 이광사는 꿈에서 깨어나자마자 『소씨명행록』을 이어서 쓴다. 그런데 홀로 쓴 게 아니다. 인용문에 형제와 숙질이 그의 옆에서 도왔다고 나온다. 정리하면, 이광사, 그의 자녀, 그의 형제와 숙질이 함께 소씨를 구명하는 장면을 쓴 셈이다.

하지만 자녀 남매가 언서고담을 지어 『소씨명행록』이라 했다는 기록을 고려해야 한다. 이광사의 자녀가 『소씨명행록』을 썼다고 한만큼, 저술 과정에서 몇몇 삽화는 주변 사람이 깊이 관여했으나, 그 비중은 공저라고 일컬을 만큼 크지 않았다. 정리하면, 『소씨명행록』의 주저자는 이광사 슬하 남매이며, 이광사, 그의 형제와 숙질은 몇몇 주요 삽화를 조언하거나 서술하는 데 그쳤다.

『완월회맹연』은 180책에 달하는 분량에 등장인물만 200여 명에 달하며 4대에 걸쳐 이야기를 전개한다. 『송남잡지』는 『완월회맹연』의 작가로 안겸제의 모친 전주이씨를 지목한다. 『임하필기』에

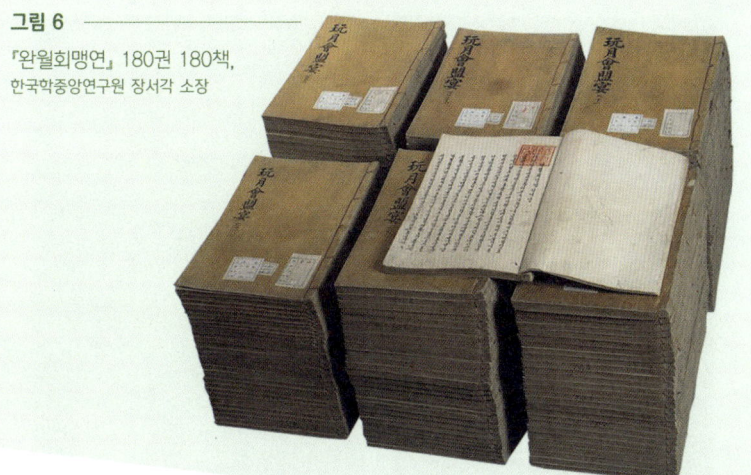

나타난 이광사의 일화를 생각하면,

대장편소설을 창작할 때 주변 사람이 서사 구성에 관여했을 가능성
도 충분하다. 그러나 『임하필기』의 기록 역시 『소씨명행록』의 작가
를 그의 자녀 남매로 명시한다. 따라서 왕실 소설 가운데 대장편소
설은 집단창작이 아닌, 단독 저술 혹은 2인의 공저일 가능성이 높
다. 이 맥락에서 『완월회맹연』은 천재 작가였던 안겸제의 모친 전
주이씨가 쓴 불세출의 작품이라고 볼 수 있다. 왕실 소설의 백미로
꼽히는 대장편소설 가운데 많은 작품이 조선의 '한강' 손에서 나왔
을 것이다.

마지막으로 연작 문제만 간단히 살피겠다. 앞서 말했듯, 대장편소

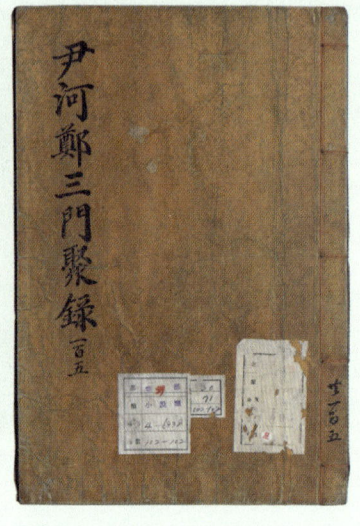

그림 7
『명주보월빙』, 100권 100책,
한국학중앙연구원 장서각 소장
두 작품은 연작 관계다.
전편이 『명주보월빙』, 후편이 『윤하정삼문취록』이다.

그림 8
『윤하정삼문취록』, 105권 105책,
한국학중앙연구원 장서각 소장

설은 단독 저술이거나 2인 정도의 공저일 가능성이 높다. 그러면
후속편의 작가는 누구일까? 이 역시 전작의 작가가 썼다는 시각이
있고, 다른 작가가 썼다는 시각도 있다. 딱 잘라 말하기 어려운 문
제다. 다만, 전작에서 후속작이 언급되는 경우 전작의 작가가 후속
작까지 염두에 두고 서사를 안배하여 창작에 임했다고 본다. 예를
들면, 자손의 이야기는 이 작품에 있다는 식으로 서사 중간에 후속

편의 존재를 언급하는 서술이 있고 실제로 자손들이 주인공인 작품
이 존재한다면 동일 작가의 연작으로 본다. 수십 책을 저술하며 불
현듯 후손의 이야기를 다른 작품에 안배했다고 서술하고 후속작에
해당 이야기를 딱 맞게 전개하는 것은 애초에 그 작품이 '연작'으로
기획된 사실을 보여주기 때문이다. 다시 말해서, 연작의 작가는 후
속편에 할애할 부분을 명확히 구획한 다음 전작前作을 기필起筆한
것이다.

2
___

소설에 매료된 왕실

## 소설을 둘러싼 궁궐의 잡음

조선시대 왕실에서 소설을 읽은 기록은 오래되었다. 『용비어천가』 주석에 중국 소설 『전등여화』 「청성산검무록」이 쓰였으니, 세종대에 이미 궁중에서 소설을 읽고 활용했다고 볼 수 있다. 물론, 『용비어천가』의 주석은 집현전 학사 정인지 등이 기입했으므로, 왕실이 『전등여화』를 읽었다는 직접적 증거는 아니겠다. 하지만 『용비어천가』의 성격을 고려한다면, 세종과 여러 왕세자 등은 활용된 서적을 숙지하고 주석 내용을 검토했을 것이다. 흥미 본위는 아니었으나, 왕실에서 『전등여화』를 읽은 것은 사실이겠다.

왕실의 독서물이자, 『용비어천가』의 주석서로도 활용되던 '소설'은 연산군과 중종 대에 그 위상이 역변逆變했다. 호색했던 연산군은 소설책도 무척 애호했다. 연산군은 사은사謝恩使에게 『전등신화』, 『전등여화』, 『효빈집』, 『교홍기』, 『서상기』 등을 사 오라고 명령했다. 또 그는 『전등신화』, 『전등여화』를 인출印出하여 바치라고 명하기도 했다.[21] 연산군의 소설 애호는 『전등신화』, 『전등여화』의 간행으로까지 이어졌다.

연산군이 호학好學했던 군주였다면, 소설의 위상이 더없이 높아졌겠지만, 주지하다시피 그는 그렇지 않았다. 연산군은 오직 주색

잡기酒色雜技에 골몰했다. 폭군暴君이 즐겼다는 사실은 자연스럽게 소설에 관한 부정적 인식을 심화했다. 임금이 소설을 읽는다는 것은 연산군과 닮은 구석이 있다는 의미이자, 통치자가 관심을 두지 말아야 할 괴력난신怪力亂神과 불교의 윤회輪回에 골몰한다는 의미였다. 소설을 좋아하던 폭군의 패행悖行도 있었고, 중종 대에 지옥과 윤회를 다룬 『설공찬전』 파동도 있었으므로, 유신儒臣은 왕의 독서물에 더욱 유의할 수밖에 없었다.

### 선조, 『삼국지연의』를 읽다

> "『삼국지연의』는 괴상하고 탄망誕妄함이 이와 같은데도
> 인출印出하기까지 하였으니, 당시 사람들이 어찌 무식한 것
> 이 아니겠습니까. 그 문자를 보면 모두가 평범한 이야기이
> 고 괴벽怪僻한 것뿐입니다."
>
> ―『선조실록』 권3, 1569년(선조 2) 6월 20일

임금의 하루는 고되었다. 특히 하루 세 번 치르는 경연은 심적 부담이 컸다. 경연 자리에서 토론은 정치적 메시지가 담기기 마련이었다. 경연에 참석한 신료는 임금이 잘못한 일이 있으면 거침없이

지적했다.

1569년 음력 6월 20일(양력 7월 20일) 석강은 오후 2시께 시작되었다. 창경궁 문정전에서 선조와 신료는 『근사록』 권2를 강론했다. 『근사록』은 주희와 여조겸이 함께 편찬한 책으로, 선비의 필독서였다. 기대승은 강론을 마친 다음 선조가 장필무를 인견할 때 『삼국지연의』의 구절을 인용한 일을 언급했다.

> 지난번 장필무張弼武를 인견하실 때 전교하시기를 '장비張飛의 고함에 만군萬軍이 달아났다고 한 말은 정사正史에는 보이지 아니하는데 『삼국지연의三國志衍義』에 있다고 들었다.' 하였습니다. 이 책이 나온 지가 오래되지 아니하여 소신은 아직 보지 못하였으나, 간혹 친구들에게 들으니 허망하고 터무니없는 말이 매우 많았다고 하였습니다. (중략) 신이 뒤에 그 책을 보니 단연코, 이는 무뢰無賴한 자가 잡된 말을 모아 고담古談처럼 만들어 놓은 것입니다. 잡박雜駁하여 무익할 뿐 아니라 크게 의리를 해칩니다. 위에서 우연히 한번 보셨으나 매우 온당치 못하셨습니다.[22]

기대승은 선조가 교지에 『삼국지연의』 구절을 인용한 것을 두고 온당치 못하다고 평했다. 기대승의 심려는 과도한 부분이 없지 않았다. 하지만 납득할 부분도 있었다. 선대 임금 가운데 시대의 폭군이었던 연산군 역시 소설을 몹시 애독했기 때문이다. 연산군은 명나라 구우가 쓴 『전등신화』를 몹시 좋아해서 주석을 붙인 주해서의 간행을 명하기도 했다. 연산군을 떠올린다면, 어린 임금이 소설을 좋아한다는 것은 유신儒臣에게 무척 민감한 사안이었다.

또 사실과 허구가 교차하는 『삼국지연의』의 내용도 문제였다. 『삼국지연의』는 역사에 기반해 영웅의 웅지雄志와 의행義行을 형상하는가 하면, 다음 장에서는 소설적 재미를 위해 암투와 권모술수權謀術數를 보여준다. 이와 관련하여 어려서는 『수호지』, 나이 먹어서는 『삼국지연의』를 읽지 마라少不看水滸, 老不看三國는 중국 속담이 있을 정도다. 이 속담은 방금 언급했던 『삼국지연의』의 두 얼굴을 정확하게 지적한다. 장년 혹은 노년까지 『삼국지연의』를 읽으면, 권모술수를 쓰는 인간이 될 수 있다고 속담은 경계한다. 의리를 배반하고 권모술수를 쓰는 반사회적 인간이 될 수 있다는 것이다.

기대승은 『삼국지연의』라는 소설이 무뢰한 자가 이야기를 꾸며 놓은 것에 불과하며, 의리를 해친다고 단정한다. 유학자의 근엄한 태도는 충분히 이해되지만, 발언에 앞뒤가 맞지 않는 부분이 있다. 기대승은 자신은 그런 책은 읽지 않는다고 하더니, 뒤에 가서는 읽어봤노라고 말한다.

왜 그랬을까? 읽지도 않은 책을 무턱대고 비판한다면 당연히 설득력이 없다. 선조가 읽고 나서 비판하라고 하면 기대승으로서는 대꾸할 말이 없었을 것이다. 그런데 일단 비판해 놓고 보니, '좋지 않다.'라고 하던 남의 말을 검증 없이 옮긴 셈이 된다. 기대승은 조언하고자 근래 어쩔 수 없이 읽었노라고 그래서 내용을 잘 안다는 취지로 췌언贅言을 보탠다. 기대승의 말을 정리하면 이렇다. 그는 정말이지 읽기 싫었음에도 경연 날이 다가오자, 친구의 평을 검증하고 임금에게 바른말을 아뢰려고 마지못해 『삼국지연의』를 읽었던 것이다. 기대승의 논변은 궁색할 따름이다. 그러니 우연히 한번 본 선조가 온당치 못하다면, 기대승은 더 온당치 못하다.

선조 대에 이르면 임금뿐만 아니라, 왕실의 일원인 부마와 공주역시 소설의 주요 향유층으로 부상한다. 선조 언간諺簡에는 동양위東陽尉 신익성申翊聖(1588~1644)에게 『포공안包公案』 한 질을 주라는 구절이 있다.[23] 여기서 『포공안』은 송나라 명판관 포증包拯이 주인공인 『포공연의包公演義』를 일컫는다. 이어서 살피겠지만, 인조 대소설 관련 기록에도 부마가 등장한다. 이러한 기록은 왕실과 그 주변부에서 소설의 향유가 여가 생활의 일부로 자리매김한 사실을 가감 없이 보여준다.

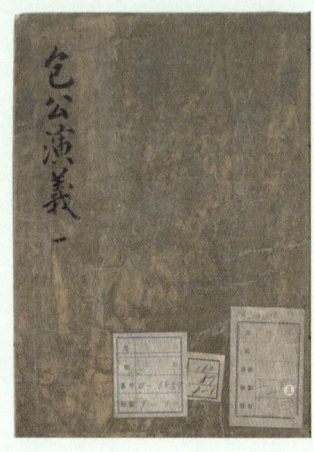

    선조 대 왕실의 소설 향유 문화를 통해 다음 사실을 알 수 있다. 첫째, 소설이 소일거리의 하나로 왕실에 정착되었음을 보여주고 있다. 연산군처럼 소설책 간행에 열을 올리지는 않았지만, 선조는 전교傳敎에 구절을 인용해 쓸 정도로 평소『삼국지연의』를 애독했다. 둘째, 왕실은 중국 소설을 가장 먼저 접할 수 있는 곳이었다. 기대승도『삼국지연의』가 수입된 지 얼마 되지 않아서 아직 읽어보지 못했다고 했다. 물론, 이 말은 거짓말이었지만,『삼국지연의』가 널리 퍼지기 전인 것은 사실이었다. 셋째,『삼국지연의』는 사실과 허구가 섞여 독자에게 해악을 끼치는 책으로 취급되었다. 이러한 인식은 보수적 유학자 사이에 계속 유지되었으며 정조 대에 조정의

공론으로 다시 부상했다. 넷째, 왕실의 일원인 부마와 공주가 소설의 주요한 독자층으로 자리 잡았다.

선조는 『삼국지연의』를 즐겼지만, 이는 유신儒臣에게 비판받을 행위였다. 유신의 관점에서 소설은 연산군처럼 호색하며 의롭지 못한 임금이 보는 책이었다. 거기다 『삼국지연의』는 정사正史도 아니었고 권모술수가 난무했으니, 기대승의 우려는 과한 부분이 있으나 보편적 인식을 반영하고 있다.

광해군은 임진왜란을 겪고 중흥주中興主 역할을 해야 했으니, 소설책을 공공연하게 볼 수 없었을 것이다. 여기에 더해 광해군 대는 허균이 『홍길동전』을 쓰고 역적질하다가 사형당했다는 풍문도 돌았다. 인조는 반정으로 왕이 되었으니, 더더욱 유신儒臣이 꺼리는 소설책을 가까이 둘 수 없었다.

그런데 인조 대에는 뜬금없이 신료들이 소설책을 찾아다니는 일대 소동이 벌어진다. 1637년 11월 조정 신료는 천지간天地間의 한 괴물이 몹시 사랑했던, 어떤 중국 소설을 급히 찾아다닌다.

## 싹트는 왕실의 소설 문화

### 인조, 『수호지』를 찾다

> "상칙사가 '『서유기』야 구하지 못할 수 있다. 하지만 『수
> 호지』는 핑계를 대지 마라.'라고 했습니다. 교서관에 명하
> 여 널리 구하여 들여보내겠습니다."
>
> —『승정원일기』 1637년(인조 15) 11월 24일

조선은 병자호란을 겪으며 청나라의 힘을 절감했다. 승전한 청
나라는 사신을 보내 많은 물품을 요구했고, 조선은 달라는 대로 애
써 구해 주었다. 조선에 도착한 청나라 사신의 태도는 퍽 고압적이
었다. 1637년 11월 청나라 사신은 소일거리로 삼고자, 『서유기』와
『수호지』를 읽고자 했다. 소설책을 구하는 일이었으나 조선 조정은
쉽사리 대응하지 못했다. 난리 뒤라서 서책이 모두 없어졌다고 하
자, 청나라 사신은 역정을 냈다. 청나라 사신은 『서유기』는 구하지
못할 수 있지만, 『수호지』를 가지고는 핑계 마라고 대꾸했다.[24]

병자호란의 기억이 아직 뚜렷했던 시기였기에, 조선 조정은 최
대한 발 빠르게 대응했다. 다음날 11월 25일 윤휘尹暉는 『수호지』가

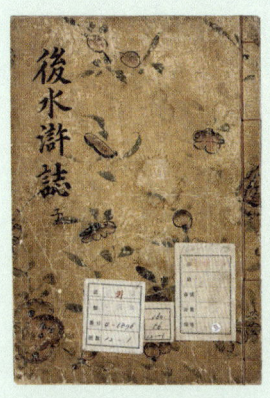

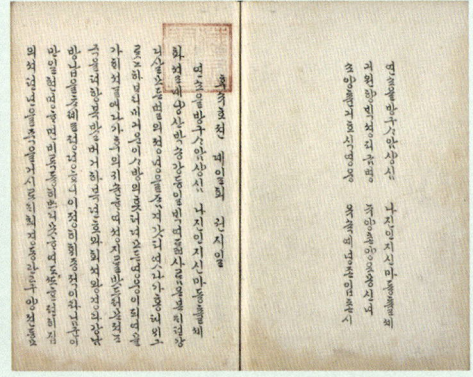

그림 10
『후수호지』권1 표지,
한국학중앙연구원 장서각 소장

그림 11
『후수호전』권1 본문,
한국학중앙연구원 장서각 소장

『수호지』는 본편뿐만 아니라 속편 역시 조선에서 큰 인기를 구가했다.

어떤 책인지 모르겠다며, 들어본 적이 별로 없다고 보고했다. 또 그는 전란으로 서적이 산실되어 구하기 어려운 상황을 청나라 사신에게 잘 말해 대응하겠다고[25] 보고했다.

그런데 사실 당시 조선 사람에게 『수호지』는 가지고 있다고 실토하기에 무척 애매한 책이다. 허균은 1618년 10월 역모죄로 사형되었다. 택당澤堂 이식李植(1584~1647)은 『택당집澤堂集』에서 허균이 『수호지』을 본떠 『홍길동전』을 썼으며 평소에 박엽朴燁과 작품 속 별명으로 불렀다고 기록했다.[26] 조선에서 『수호지』는 천지간의 한

괴물로 불리던 역적 허균이 즐기던 책이었다. 따라서 『수호지』가 무슨 책인지 모르겠다던 윤휘의 보고는 그대로 믿기 어려운 부분이 없지 않겠다.

어찌 되었든, 윤휘는 상황을 곧바로 보고한다. 없는 것을 없다고 했고, 찾아보겠다고도 했으니, 윤휘가 적절하게 대처한 것은 맞다. 조선 신료의 발 빠른 대처에 청나라 사신은 어떤 반응을 보였을까? 기록은 없지만, 너그럽게 이해한 것 같지는 않다. 아마도 11월 24일과 마찬가지로 고압적 태도로 '핑계를 대지 마라.'라고 쏘아붙였을 터다. 이렇게 추정하는 이유는 관련 기사가 11월 28일에 다시 나오기 때문이다. 25일 청나라 사신이 너그럽게 이해했다면, 없었을 기사다.

청나라 사신이 몽니를 부린 것처럼 보이지만 오히려 준수한 편이다. 큰 보화를 요구한 것도 아니었고 『서유기』가 없는 것까지도 이해했으니 말이다. 시대를 바꿔서, 자신이 인터넷도 느리고 OTT도 못 보는 숙박업소에 묵는다고 생각해 보라. 청나라 사신의 짜증은 충분히 이해된다. 당시 청나라 사신의 심정을 요즘 말로 옮기면 '애플 TV는 못 볼 수도 있다. 하지만 넷플릭스도 볼 수 없다니!' 정도가 될 것이다.

청나라 사신의 역정이 잦아들지 않자, 조선 조정은 발등에 불이

떨어졌다. 25일~28일까지 나흘 동안 열심히 『수호지』를 수소문했다. 서울을 이 잡듯 뒤져 결국 금양위 박미朴瀰(1592~1645) 집에서 『수호지』 한 질을 찾았다. 그런데 찾는다고 찾았지만, 찾고 보니 아쉽게도 낙질이었다. 더 큰 문제는 본래 몇 책인지 모른다는 데 있었다. 그러나 더는 청나라 사신의 심기를 거스를 수 없었다. 완질이 본래 몇 책인지 모르겠지만, 열 책의 낙질이나마 사신에게 보내겠다는 보고를 끝으로[27] 닷새의 『수호지』 소동은 끝이 났다.

1637년(인조 15)

① 11월 24일. 청나라 사신 『수호지』, 『서유기』 요구

② 11월 25일. 윤휘.

　찾지 못하여 좋은 말로 대응하겠다고 보고

③ 11월 26일. …

④ 11월 27일. …

⑤ 11월 28일. 『수호지』(금양위 박미 집) 낙질 납입納入

11월 24일에서 28일까지 닷새 동안 『수호지』를 둘러싼 소동은 우리에게 많은 것을 말해준다. 먼저, 인조 대까지도 왕실에서 소설을 즐기지 않은 사실을 알 수 있다. 병자호란을 겪었다고는 하지만, 호

조참판과 형조참판을 지낸 윤휘尹暉조차도 『수호지』가 어떤 책인지 몰랐다. 물론 윤휘가 알면서도 모른다고 했을 가능성도 없지 않았다. 또 수소문해 찾은 『수호지』가 하가한 공주 집에서 그것도 낙질로 나온 점도 당시 궁궐 내에서 소설책을 구비하는 데 관심을 두지 않았다는 사실을 보여준다.

다만, 부마가 『수호지』를 가지고 있었던 상황은 시사하는 바가 있다. 이 기록은 먼저, 조선에서 중국 소설의 독서가 소수 상층 특히 왕실 주변부의 취미였음을 보여줬다. 조선에서 부마는 정계에 깊이 관여할 수 없었고 실무가 있는 직책을 받지도 못했다. 그럼에도 부마는 왕실의 지원 아래 넉넉한 생활은 가능했다. 정계에 깊이 발을 들이지 못하나, 부마는 사신단의 격을 높이는 역할을 수행하기도 했다. 연행 과정에서 부마는 중국 소설을 쉽게 접했을 것이다. 또 중국 소설은 귀한 선물로 취급되었다. 선조 언간을 보면, 『포공안』 역시 부마 신익성申翊聖(1588~1644)과 공주에게 보내는 선물이었다. 선조 대 『포공안』 기록과 인조 대 닷새의 『수호지』 소동은 왕실의 일원이라 할 부마와 공주를 중심으로 중국 소설의 향유가 활발했음을 알려주고 있다.

위 기사는 조선 왕실이 다양한 중국 소설을 구비해야 했던 '현실적 이유'를 보여준다는 점에서도 의미가 있다. 왕실에서 형성되었던 소설 독서 취미에 더해, 청나라 사신의 접대라는 당면한 문젯거리는 궁궐의 소설 유입을 촉진했을 법하다. 물론, 사신 접대가 유일한 이유는 아니었다. 하지만 닷새 동안 일어났던 『수호지』 소동은 중국 소설의 필요성을 왕실 안팎에 각인하기에 충분했다.

중국 소설을 구비하는 과정에서 왕실의 일원인 부마와 공주의 소설 향유는 번역을 촉진했다. 사신의 접대라는 목적 외에 하가下嫁하는 공주의 소일거리로도 번역본 국문 소설은 무척 유용했다. 일단 구비해서 읽기 시작하자 조선 왕실은 순식간에 소설에 빠져들었다. 전에 몰랐던 이야기를 맛봤으니, 더 진귀한 이야기를 찾았고, 여기에 더해 번역본은 한문을 해석하는 수고로움 없이 청취의 즐거움까지 제공했다. 이후 신료들은 영조에게 소설책을 들으며 주무시라고 조언했으며, 순원왕후는 덕온공주가 하가할 때 숱한 소설책을 챙겨 주었다.

# 왕실에 부는 소설 열풍

## 효종, 『삼국지연의』를 번역하다

> "이 책은 효종 임금께서 한가하실 때 친히 번역해 구술하고
> 왕후께서 몸소 적은 것이다."
>
> — 심익운, 『백일집』,
> 「인선왕후어서언서삼국연의발仁宣王后御書諺書三國演義跋」

 청나라 사신 덕분인지 몰라도, 조선 왕실은 중국 소설을 궁궐에 구비하기 시작했다. 이후 효종 대에 이르면 임금이 몸소 『삼국지연의』를 번역하는 데 이른다. 또 효종비인 인선왕후는 소설을 공주에게 보내는 일을 언간諺簡에 적기도 한다. 선조가 『삼국지연의』를 읽고 경연 자리에서 기대승에게 간언諫言을 들은 일을 생각하면 큰 변화가 아닐 수 없다. 효종 대에 이르면, 소설 독서가 왕실의 취미로 완전히 정착되었다고 봐도 크게 틀리지 않겠다.

 효종은 북벌론을 주장한 임금으로 알려져 있다. 북벌을 두고 정치적 선전에 불과했다는 평가도 있다. 북벌은 실제로 청나라를 공격하는 게 아니라, 명분을 내세워 정계를 재편하고 왕권과 군사력을 신장하려는 목적이었다는 것이다. 북벌론의 실체가 어떠했던,

효종이 무武를 중시했던, 조선에서 보기 드문 상무尙武의 임금이라는 사실은 변함없다.

　이러한 상무의 기질은 그를 『삼국지연의』의 애독자로 만들었다. 『삼국지연의』는 위·촉·오 세 나라의 각축전을 다뤘다. 유비·관우·장비의 도원결의에서 제갈공명의 죽음에 이르기까지 숱한 영웅의 파란만장한 생애도 흥미롭지만, 전장을 배경으로 펼쳐지는 숱한 효웅梟雄의 무예 대결은 읽는 이의 눈을 사로잡았다. 상무尙武의 기질을 갖춘 효종이었으니, 다른 이들보다 더 『삼국지연의』에 매료되었을 것이다.

　다음은 사도세자 지문誌文에 나오는 효종 관련 내용이다. 효종이 지녔던 상무의 기질을 잘 보여준다.

　　효묘孝廟께서 일찍이 무예를 좋아하여 한가한 날이면 북원北苑에 납시어 말을 달리며 무예를 시험하곤 하였는데, 그때 쓰던 청룡도靑龍刀와 쇠로 주조한 큰 몽둥이가 아직 저승전儲承殿에 있었다. 그것을 힘깨나 쓰는 무사들도 움직이지 못하였건만, 세자는 15, 16세부터 벌써 모두 들어서 썼다.[28]

　여기서 세자는 사도세자를 일컫는다. 위 기사를 통해 효종이 무예를 숭상했으며, 상무 정신이 투철했음을 알 수 있다. 또 사도세자가 효종만큼이나 용력勇力이 출중했던 사실도 알 수 있다. 상무 기질을 갖춘 효종에게 『삼국지연의』는 너무나 잘 맞는 독서물이었다.

다만, 효종이 『삼국지연의』를 번역한 속뜻은 복합적인 부분이 있다. 소설책을 쉽게 읽기 위한 것도 있겠고, 인선왕후仁宣王后가 국문소설을 애독했으니 이를 고려했을 법하다. 또 염두에 둘 것은 효종이 대군 시절에 소현세자와 함께 청나라 볼모로 잡혀갔다가 온 사실이다. 1645년(인조 23)에 소현세자와 함께 귀국한 봉림대군(훗날 효종)은 형이 비명횡사非命橫死하자 세자에 책봉되고 1647년(인조 27)에 즉위한다.

봉림대군이 볼모로 있을 무렵 후금後金은 『삼국지연의』에 매료되었다. 『삼국지연의』가 크게 유행했으며 관우를 숭상하는 풍속이 나타났다. 또 누르하치(청 태조)와 홍타이지(청 태종)도 『삼국지연의』를 애독했다.[29] 1634년 후금後金의 차사差使로 온 정명수鄭命壽는 사적으로 『삼국지연의』를 구했다. 아마도 상부에 선물하려는 의도였을 것이다.

후금의 임금은 『삼국지연의』를 애독했으며, 병략서로도 활용했다. 청말 왕숭유王嵩儒(1862~?)는 "우리나라가 산해관을 넘기 전에 『삼국지연의』를 번역해서 병략으로 썼다. 그러한 까닭에 관우 장군을 숭배하는 것이다."라고[30] 해 청말 풍문을 전하고 있다.

홍타이지(청 태종)는 명나라 명장 원숭환袁崇煥을 『삼국지연의』속 반간계를 활용해 죽였다고 알려져 있다. 확인할 길 없는 풍문이 겠으나, 청나라가 반간계를 썼던 것은 사실이다. 다음은 1630년(인조 8) 춘신사春信使의 장계다.

> 용골대龍骨大가 이어서 그들이 관문 안으로 들어간 상황을 말하였는데 대략 이형장 등에게 듣던 것과 같았습니다. 원 군문에 대해 말하기에 이르러서는 용골대가 좌우에 있는 사람을 피하게 하고 은밀히 말하기를, '원공袁公이 결국 우리나라와 마음이 합하였소만 그 말이 누설되어 명나라에서 잡아 가두었습니다. 또 그 외에도 우리나라와 마음을 같이하는 자가 있습니다. 나는 사신과 평소 친하므로 이렇게 말하는 것이니, 아예 입 밖에 내지 마시오.' 하였으니, 이것은 분명히 명나라와 우리 사이를 이간하려는 계책인 것입니다.[31]

용골대는 원숭환과 후금이 긴밀히 공조했으나, 일이 누설되어 원숭환이 잡혔다고 조선 사신에게 말한다. 또 그는 명나라 조정 내에 동조자가 많다고도 해, 조·명 사이를 이간질한다. 원숭환이 정말로 홍타이지(청 태종)의 반간계로 죽었는지는 미상이다. 여겨볼 것은 이러한 풍문이 『삼국지연의』의 유행을 말미암았다는 사실이다. 전략전술이 난무하는 『삼국지연의』의 내용에 더해 누르하치(청 태조)와 홍타이지(청 태종)가 이 작품을 애독했던 사실이 부각되며, 원숭환의 죽음이 반간계를 말미암았다는 소문이 만들어진 것이다.

봉림대군은 청나라에 볼모로 있으며, 『삼국지연의』의 유행을 목도했고, 풍문도 접했을 터였다. 따라서 효종이 『삼국지연의』를 번역한 이유는 단순하지 않았다. 우선, 효종은 기질적 측면이 『삼국지연의』와 잘 맞았다. 효종은 상무 정신이 투철했고 용력이 뛰어났다. 또 그는 대군 시절 청나라에 불었던 『삼국지연의』 독서열讀書熱을 경험했다. 군략에 관심이 지대했던 효종은 『삼국지연의』를 병서로도 읽었을 것이고, 홍타이지(청 태종)와 원숭환에 얽힌 풍문 역시 그를 감발했을 것이다. 조심스러운 추정이지만, 효종이 『삼국지연의』를 번역한 취지에는 애독서愛讀書에 대한 애호심과 함께 번역서를 통해 상무 정신을 감발하겠다는 취지도 없지 않았을 것이다.

효종이 『삼국지연의』를 번역한 일은 심익운沈翼雲(1734~1783), 『백일집百一集』 소재 「인선왕후어서언서삼국연의발仁宣王后御書諺書三國演義跋」에 나온다.[32]

『인선왕후어서언서삼국지통속연의仁宣王后御書諺書三國志通俗演義』는 제5권에서 제17권까지 도합 13권이다. 이 책은 효종 임금께서 한가하실 때 친히 번역해 구술하고 왕후께서 몸소 적은 것이다. (중략) 처음에 효종께서 친히 이 책을 번역하실 때 호지糊紙 공책을 만들어 왕후께 초고草稿로 쓰게 하셨다. 간간이 또한 궁인宮人이 대신 쓴 것도 있다. 책이 이미 이루어지자 장차 초草를 없애려고 하셨는데 공주께서 얻기를 청하시어 없애지 않으시고 마침내 그 책을 공주에게 하사下賜하시니 장황裝潢하여 열세 권이 되었다. 그 책은 수미를 잃었고 12권 이하부터는 궁인이 대신 쓴 것이 열 가운데 일고여덟은 된다. 그러나 자체가 같지 않아서 모두 변식할 만하다고 한다.[33]

위 인용문에 따르면, 효종은 원문을 읽으며 번역 구술했고 이를 인선왕후가 적었다. 번역이 완료된 다음 왕후가 기초起草한 원고를 파훼하려 했으나, 공주가 원해 따로 성책했다. 하지만 이미 파기한 원고가 있어서 공주가 성책한 것은 권5-권17로 낙질이었다. 이 가운데 권12-권17은 궁인 글씨가 많았다.

선행 연구는 초고를 파기하려는 것을 두고 "18세기 당시의 소설

부정론자들을 염두에 두고 심익운이 아화雅化해 한 말"로[34] 본다. 하지만 이는 과도한 해석이다. 왕과 왕후가 함께 완성한 『삼국지연의』 정사본은 이미 완성된 상태다. 다시 말해서, 왕과 왕후가 중국 소설을 읽고 몸소 번역한 최종 결과물이 현존하므로, 초고를 없애더라도 소설 부정론자의 비판은 피할 수 없다. 저본을 폐기하는 일은 당시 소설에 관한 부정론과 무관한 부차적인 문제인 셈이다.

공주가 초벌 원고를 받으려 했던 데에 다음 이유가 있을 법하다. 첫째, 아버지의 구술을 어머니가 받아 적은 원고이므로 자식에게 큰 의미가 있다. 부모의 수적은 낙질이라도 따로 성책할 이유가 충분하다. 둘째, 필사 상태가 좋아 판독에 어려움이 없다. 최종 정사본 이전 원고이므로, 주필로 교정한 흔적이 있어도 열람에 무리가 가지 않을 정도면 소장 가치가 있다. 셋째, 『삼국지연의』 번역본은 쉽게 구하기 어려운 책이다. 당시는 지금처럼 번역서가 흔한 시대가 아니다. 낙질이라도 13권에 달하는 『삼국지연의』 번역서는 귀중한 독서물이다. 넷째, 취미가 소설 독서이다. 아무리 귀한 책이라도 읽기 버겁다면 애써 구득求得할 이유가 없다. 공주는 소설을 즐겼던 인물로, 『삼국지연의』의 재미를 익히 알았을 것이다. 공주가 낙질이라도 얻기를 청했던 까닭이다.

효종과 인선왕후는 소설을 애호했다. 효종은 애독하는 데 그치지 않고 『삼국지연의』를 번역했다. 인선왕후와 궁인도 소설을 필사하는 데 참여했다. 또 인선왕후는 『녹의인전』, 『하북이장군전』 등 소설을 즐겼으며, 공주에게 번역 소설을 보내기도 했다. 공주 역시 소설을 즐겼으니, 효종 대에 이르러 왕실 공통의 취미 생활로 소설 독서가 완전히 잡았다.

효종을 지나 숙종 대에 이르면, 왕실의 소설 향유는 생활의 일부로 자리매김한다. 숙종은 소설을 활용해 의견을 내고, 신료는 이를 단번에 이해한다. 선조와 기대승이 『삼국지연의』를 두고 대립했던 일과 『수호지』가 어떤 작품인지 모르겠다던 인조 대 윤휘의 보고를 상기하면 상황이 크게 변했음을 알 수 있다.

## 소설 주인공이 된 숙종

"지금 만약 그 날카로운 날을 버리고 한 사람은 흰옷을,
한 사람을 검은 옷을 입게 하여 말을 타고 교전交戰한 뒤 흑
백黑白으로 승부勝負를 결정한다면 좋을 것이다."

　　　　　　　　　　　　　　－『숙종실록』 1707년(숙종 33) 2월 13일


숙종이 어떤 소설을 즐겼는지 자세하지 않다. 선대 임금처럼 『삼

국지연의』와 『수호지』를 즐겼던 것으로 추정된다. 또 명나라 건국을 다룬 『황명영렬전』을 애독했던 것으로 보인다. 숙종은 관우를 경모敬慕해 1711년(숙종 37) 관왕묘 의례 가운데 읍례를 배례로 바꾼다. 숙종은 『삼국지연의』의 독서 경험을 말미암아 관우를 경모하는 데에 이르렀을 터다.

숙종은 『삼국지연의』와 더불어 『수호지』도 즐겼다. 다음은 관무재觀武才의 기창騎槍 교전과 관련한 숙종의 발언이다.

주강晝講에 나아갔다. 지사知事 이인엽李寅燁이 아뢰었다.

"금번의 관무재觀武才는 기창으로 교전하도록 낙점落點하셨다고 하는데, 무사배武士輩들이 창을 쓰는 기술에 익숙하지도 못하여 창의 날을 서로 다루는 즈음에 반드시 많이 다칠 근심이 있으니, 어떻게 하면 좋겠습니까?"

임금이 말했다.

"지금 만약 그 날카로운 날을 버리고 한 사람은 흰옷을, 한 사람을 검은 옷을 입게 하여 말을 타고 교전交戰한 뒤 흑백黑白으로 승부를 결정한다면 좋을 것이다."

이인엽이 말했다.

"이 일은 『수호지水滸誌』에 보이니, 마땅히 이에 의거하겠습니다."[35]


　　관무재는 무과의 하나로 국왕이 참석한 가운데 진행한다. 기창은 말을 타고 서로 창술을 겨루는 과목이다. 지사 이인엽은 관무재를 시행할 때 실제 창으로 교전한다면, 창날에 응시자가 다칠 수 있다는 우려를 표한다. 이에 숙종이 흰옷과 검은 옷을 입게 해 교전하라고 말한다. 『수호지』를 읽지 않은 사람은 '창날을 빼고 한 사람은 흰옷, 다른 한 사람은 검은 옷'을 입히라는 말이 무슨 의미인지 알 수 없다. 더군다나 '흑백'으로 승부를 겨룬다니, 알쏭달쏭하다. 그런데 이인엽은 『수호지』에 보이니 참고해 시행하겠다고 답한다.

　　『수호지』 애독자는 기창騎槍 승부에서 날을 빼고 서로 다른 옷을 입으라는 말을 들으면, 양지가 주근周謹, 색초索超와 벌였던 무예 대결을 떠올리기 마련이다. 『수호지』 제13회 「급선봉은 동곽에서 공을 다투고 청면수는 북경에서 무예를 겨루다」에서 양지와 주근은 막 기창 대결을 벌이려던 참이었다. 그때 병마도감 문달이 막아서며 말했다.

상공께 아룁니다. (중략) 혹여 어디를 상한다면 가벼워야
　　병신이 될 것이고 중하면 죽을 것이니 이는 군영에 불리할
　　줄로 압니다. 그러므로 두 창의 창날을 다 뽑아 버리고 전(氈)
　　조각으로 창대 끝을 싸고 거기다 석회를 묻힌 후에 둘이 다
　　검정 겉옷을 입고 말을 타고 서로 찌르게 해서 흰 점이 많
　　은 자가 진 것으로 하는 게 좋을 것 같습니다.[36]

　마달은 창날을 버리고 짐승 털로 짠 모직을 감고 석회를 묻혀 찌
르게 하자고 제안한다. 검은 옷을 입고 이렇게 대결하면, 흰색이 덜
묻은 사람이 승자로 결정된다. 더 적게 찔린 셈이기 때문이다. 작중
마달의 말을 인지하고 다시 실록을 보면, 숙종의 말에 조리가 없다
는 사실이 드러난다. 그럼에도 이인엽은 임금의 의중을 제대로 파
악한다. 그는 『수호지』에 나오는 것을 참고하겠다고 대답한다. 숙
종과 이인엽 모두 『수호지』의 내용을 꿰고 있었던 것이다.

　이렇듯 숙종은 소설을 즐긴 인물이다. 숙종 대에 이르면 우리 소
설도 만개한다. 『삼국지연의』를 위시한 중국 소설이 번역되어 민간
에 퍼졌고, 우리 소설의 전통과 번역 소설이 만나면서 뛰어난 작품
이 속출한다. 고전 소설의 백미라 할 『구운몽』과 『사씨남정기』, 그
리고 대장편소설의 효시인 『소현성록』 모두 17세기 작품이다.

이 가운데 『사씨남정기』는 숙종을 깨우치기 위해 쓰였다는 설이 있다. 오주五洲 이규경李圭景(1788~1856)은 『오주연문장전산고五洲衍文長箋散稿』에서 다음과 같이 말한다.

『구운몽九雲夢』이라는 작품은 서포 김만중의 저작으로 의의가 있다고 일컬어진다. 세상에 전해지기를, 서포 김만중은 귀양 갔을 때 어머니의 시름을 녹이고자 하룻밤에 『구운몽九雲夢』을 지었다고들 하고 북헌北軒 김춘택金春澤(1670~1717)은 숙종이 인현왕후를 손위한 일을 성심껏 깨우치고자 『사씨남정기謝氏南征記』를 지었다고들 한다.[37]

이규경은 김춘택이 『사씨남정기』를 썼다고 했으나, 아니다. 김춘택은 『사씨남정기』를 한문으로 번역한 사람이다. 김춘택은 「번언남정기인飜言南征記引」을 써 스스로 국문 『사씨남정기』를 한문으로 번역한 이유를 밝힌다. 따라서 위 기록은 거짓 없이 사실 그대로를 전했다고 볼 수 없다. 여겨볼 것은 소설을 궁에 흘려보냈으며, 임금을 독자로 겨냥했다는 풍문의 내용이다. 이 풍문은 왕실과 소설을 키워드로, 당시 왕실의 소설 향유 문화에 관한 중요한 실마리를 제공한다.

김만중이 짓고 김춘택이 한문으로 번역한 『사씨남정기』는 유연수, 사정옥, 교채란이 등장하는 우리 소설이다. 유연수는 교채란에게 속아 사정옥을 폐출廢黜하지만, 사정옥은 갖은 고난을 극복하고 복귀한다.

『사씨남정기』는 지금 봐도 파격적인 내용이 많다. 교채란은 본래 딸이었던 태아를 남아로 바꾸고, 동청과 사통하는 등 악행을 벌인다. 만약, 『사씨남정기』가 왕실의 내홍內訌을 우의했다면 숙종과 희빈 장씨 사이에서 태어난 원자(훗날 경종)도 자연스럽게 작중 유연수와 교채란 사이에 태어난 아들(복중 여아)에게 우의된다. 『사씨남정기』에서 교채란은 가정 내 입지를 공고히 하고자 주술로 배 속 태아의 성별을 남아로 바꾼다. 이러한 내용은 심각한 필화筆禍를 일으킬 게 불 보듯 뻔한데, 과연 작가의 의중이 이규경이 말한 '창작 의도'에 부합할지 미심쩍은 데가 많다.

또 『사씨남정기』 속 사씨와 달리, 인현왕후는 정치적 의도를 깔고 남편인 숙종을 대하기도 한다. 예컨대, 인현왕후는 숙종에게 자신의 꿈을 토로했고 이 일은 숙종이 그를 폐비하는 또 하나의 이유가 된다. 인현왕후는 이렇게 말했다.

꿈에 선왕과 선후를 만났는데 두 분이 저를 가리키면서

말씀하셨습니다.

"내전內殿과 귀인貴人은 선묘宣廟 때처럼 복록福祿이 두텁고 자손이 많을 것이다. 그러나 숙원淑媛은 아들이 없을 뿐만 아니라 복도 없으니, 오랫동안 액정掖庭에 있게 되면 경신년에 실각失脚한 사람들에게 당부黨付하게 되어 국가에 이롭지 못할 것이다."[38]

부부 사이니 꿈 이야기야 할 수 있다. 하지만 인현왕후는 희빈 장씨를 언급하면서 경신년 실각한 남인을 결부하고 있다. 숙종 입장에서 정치적 저의가 깔린 꿈 이야기에 선왕을 언급한 것도 불쾌했을 것이지만, 남인을 노골적으로 경계하는 대목도 용납하기 어려웠을 것이다. 인현왕후에게 희빈 장씨와 남인을 견제하려는 의도가 없지 않겠지만, 선왕·선후를 끌어들이고 희빈 장씨에게서 아들을 보지 못할 것이라는 발언은 숙종을 과하게 자극하기에 충분했을 터다. 이렇게 보면 인현왕후와 사씨 사이에 차이가 작지 않다. 따라서 『사씨남정기』로 숙종을 깨우치고 마음을 돌리려 했다는 것은 항간에 떠도는 속설에 불과하다.

다만, 항간에 떠돌던 속설은 왕실의 소설 향유 문화를 전해준다는 점에서 의미가 있다. 이 속설을 통해 다음 사실을 알 수 있다. 첫째, 왕실에서 소설을 즐겼다. 왕실에서 소설을 즐겼고 숙종도 예외가 아니었기에,『사씨남정기』저술 의도와 관련된 소문이 생성되었다. 고쳐 말하면, 소설을 싫어하던 정조의 마음을 달래기 위해 소설을 써 궁으로 흘려보냈다는 소문은 애초에 성립할 수 없었다. 이 속설은 숙종이 소설을 즐겼다는 사실을 전제로 나타났다. 둘째, 궁 밖에서 소설을 써서 궁 안으로 흘려보내는 일이 있었다. 그간 왕실의 소설 향유 문화를 감안하면, 흘려보낸 작품은 우리 소설일 가능성이 높다. 온갖 중국 소설과 번역본을 가장 먼저 접하는 곳은 다름 아닌 궁이다. 따라서 흘려보낸 작품은 궁에 없던 것 곧 우리 소설이다. 중국 소설을 향유하며 형성된 왕실의 소설 향유 문화를 배경으로 궁 밖의 문인이나 여사女士가 자기 작품을 궁 안으로 흘려보냈을 것이다. 셋째, 숙종 대를 지나며 우리 작품이 궁 내에 구비되기 시작했다.『사씨남정기』는『구운몽』과 더불어 한 시대를 대표하는 작품이었다. 또 두 작품은 명작 가운데 명작으로 꼽히며 이후로 계속 인구에 회자했다. 영조도『구운몽』을 두고 칭찬을 아끼지 않았다. 걸출한 작품이 궁에 흘러 들어가며, 우리 소설에 대한 인식의 전환을 촉발했을 것이고, 이때부터 다양한 국문 소설이 궁궐 내 축적되었다.

한편, 숙종 대에 특기할 만한 사항으로 대장편소설의 탄생을 들

수 있다. 앞서 말했듯, 낙선재본 왕실 소설은 대부분 호대한 분량을 자랑한다. 대장편소설의 효시는 『소현성록』이다. 작가는 옥소玉所 권섭權燮(1671~1759)의 어머니 용인이씨龍仁李氏(1652~1712)로 추정된다. 『옥소집』에 다음 기록이 전한다.

선비 정경부인 용인이씨께서 손수 쓰신 책자 가운데 『소현성록』 대소설 15책을 장손 조웅에게 주어 가묘에 두게 하고, 『조승상칠자기』와 『한씨삼대록』은 아우 대간군에게 주었다. 또 『한씨삼대록』 하나와 『설씨삼대록』은 황씨 부인이 된 이모에게 주고 『의협호구전』과 『삼강해록』 하나는 중방자 덕성에게 주었으며 『설씨삼대록』은 김씨 부인이 된 나의 딸에게 주었으니 각각의 자손이 대대로 잘 간직하여야 할 것이다.[39]

위 기록에 따르면 용인이씨는 『소현성록』 15책을 손수 썼으며, 다양한 소설을 창작 혹은 필사했다. 『소현성록』은 15책 분량으로 '대소설'로 일컬어졌으며, 특별히 장손에게 물려주었다. 다른 책과 달리 장손에게 물려주어 가묘에 보관하게 했으니, 『소현성록』은 단순 필사본이 아니라 용인이씨의 정신이 담긴 특별한 작품일 법하다. 『소현성록』을 용인이씨의 작품으로 보는 이유이다.

그런데 『소현성록』과 함께 제목에 '삼대록'이 들어간 작품이 눈에 띈다. 『한씨삼대록』, 『설씨삼대록』이다. 『유효공선행록』과 『유씨삼대록』 관계에서 알 수 있듯, 삼대록은 대개 전편 주인공의 자손을 새롭게 주인공으로 내세운 속편인 사례가 많다. 『소현성록』역시 이본 가운데 소현성을 주인공으로 내세운 『소현성록』과 그 자손을 중심으로 이야기를 전개하는 『소씨삼대록』이 따로 존재하기도 한다. 다만 이렇게 전편과 속편으로 나뉜 경우, 자손 이야기(『소씨삼대록』)가 빠진 『소현성록』은 그 분량이 4책 정도다. 이러한 분량과 내용을 고려하면, 용인이씨가 쓴 『소현성록』은 자손의 이야기를 포함한 15책 분량의 대장편소설이라는 사실을 알 수 있다. 애초 주인공과 자손 이야기가 함께 수록되었던 『소현성록』이 창작되었고 전파 과정에서 '삼대록 소설'의 유행과 맞물리며, 자손 이야기가 『소씨삼대록』으로 분책되며 별도로 유전된 것이다.[40] 이 대소설 『소현성록』 15책은 이후 대장편소설의 시대를 열어젖힌다.

숙종 대는 왕실에서 소설을 향유한 정황을 풍부하게 보여주지는 못했다. 하지만 임금과 신하가 척하면 척하고 알아들을 정도로 소설을 애독했으며, 이를 전제로 궁 밖에서 소설을 써서 궁 안으로 흘려보냈던 사실을 확인할 수 있었다. 또 궁 밖에서 향후 낙선재본 왕실 소설의 중추로 자리매김한 대장편소설이 형성되었던 사실 역시 확인할 수 있었다. 용인이씨가 열어젖힌 대장편소설 갈래는 이후 다양한 작품을 생성하며, 소설사의 큰 줄기를 이뤘다. 그 가운데 태반이 궁궐로 흘러들었다. 숙종 대를 거치며 궁궐은 소설로 넘실거렸다.

## 왕실 소설의 만개

### 소설 마니아였던 부왕父王

조선에서 가장 많은 소설을 읽은 임금은 영조였다. 영조는 소설 마니아였다. 그는 소일거리로 소설만 한 게 없다고 말하고, 신하가 읽어주는 소설을 들으며 잠자리에 들었다. 또 신하들에게 소설 작가를 묻는가 하면, 보고 싶은 소설은 중국행 사신에게 구해오라고 명했다. 여기에 더해 영조는 명나라 건국을 다룬 『황명영렬전』을 읽고 국문 번역을 명하기도 했다.[41] 이처럼 영조의 소설 사랑은 각별했다.

영조는 경연 자리에서 소설 내용을 가지고 신하에게 당부했고, 신하 역시 소설 내용을 가지고 이야기했다. 한 가지 유의할 것은 이때 소설이라고 하는 것은 현대에 소설로 규정하는 서책과 함께 잡

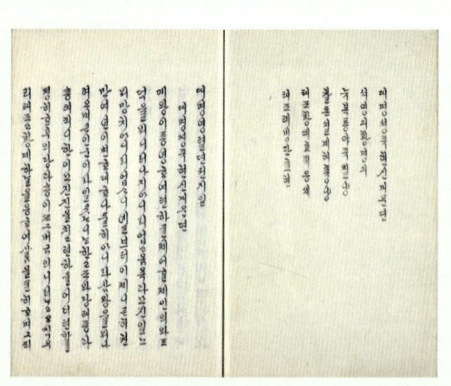

**그림 12**
『대명영렬전』 권1 본문,
한국학중앙연구원 장서각 소장

『대명영렬전』, 『황명영렬전』, 『영렬전』 등으로 불린다. 『남계연담』 역시 명나라 건국과 초기 정계를 다룬 작품이다. 『황명영렬전』에 대한 애호심이 『남계연담』에 관한 관심으로 이어졌을 법하다.

다한 이야기를 모두 포괄한다. 예를 들어, 영조는 동곽자東郭子와 늑대에 얽힌 우화를 이야기하며 '여견소설予見小說' 곧 '내가 소설에서 봤는데'라며 운을 뗀다.[42] 영조가 소설에서 봤다는 이야기는 명대 마중석馬中錫,『동전문집東田文集』가운데「중산랑전中山狼傳」이다.

이처럼 영조는 소설을 위시해 이야기책을 박람한다. 또 영조는 자신이 읽고 싶은 소설책은 사신에게 구득해 올 것을 명령하기도 한다. 1769년 10월 영조는 출국 준비를 하던 조명응에게 특별한 명을 내린다. 소설『탁록연의』,『남계연담』을 사 오라는 명이다. 왕명을 받은 사신 일행은 북경 책방을 이 잡듯 뒤지지만 끝내 빈손으로 돌아온다. 3년이 지나도 책을 구하지 못한 영조는 1772년 11월, 잊지 않고 중국행 사신에게 똑같은 명을 내린다.

북경에 도착한 사신은 두 소설을 구했을까? 사실『탁록연의』와『남계연담』은 중국에서 구할 수 없다. 조선소설이기 때문이다.『남계연담』과『탁록연의』에 관해서는 앞서 간단히 살핀 바 있다. 다음은『이재난고』의 기록이다.

작년 사신이 떠나기 전 임금에게 인사를 드릴 때 임금께서 특별히『탁록연의』한 질을 사 오라고 하셨다. 그랬던 까닭에 서명응은 명을 받들어 연경에 가서 만방으로 찾았으나

구하지 못했다. 돌아와 꽤 시간이 흐른 다음에 이 작품은 조
선인이 쓴 것이며 중국인의 작품이 아니라는 것을 알았다.
지금 여항 부녀의 내방에 한글소설로 전할 따름이다.[43]

『탁록연의』는 황제黃帝의 탁록대전을 다룬 내용으로 추정된다.
『남계연담』은 명초 역사를 다룬 작품이다. 이처럼 중국 역사를 다
뤘던 까닭에 영조는 중국 소설이라 여겼던 것이고 내막을 알 길 없
던 사신은 열심히 발품만 팔았던 셈이다.

영조는 『구운몽』처럼 훌륭한 우리 소설을 보면 작가에 관해 묻기
도 했다. 『구운몽』 작가에 관해 영조는 1751년(영조 27), 1761년(영
조 37)에 물었고, 1763년(영조 39)에는 『구운몽』을 두고 극호極好라
고 평했다.[44]

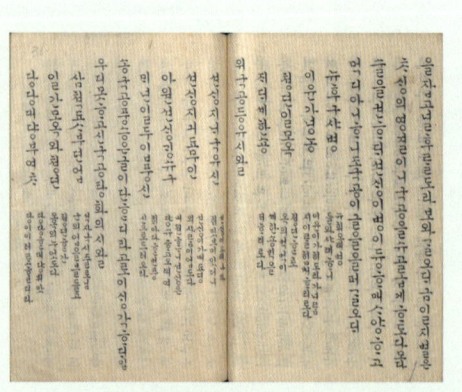

**그림 13**

『남계연담』 권2 본문,
한국학중앙연구원 장서각 소장

유기劉基가 퇴사할 때 개국공신開國
功臣들이 시를 써 전별餞別하는 장
면이다. 명 개국공신의 시로 제시
되나 출전出典이 불분명하다.

영조는 다양한 소설을 탐독했으며 『황명영렬전』의 번역을 명하기도 했다.[45] 영조에게 소설책은 없어서는 안 될 물품이었다. 그는 종종 신하가 읽어주는 소설을 들으며 잠들었다.

다음은 김상로의 말이다.

> "지금 경고更鼓 소리를 들으니 벌써 삼경三更입니다. 어젯밤에도 밤새 편히 주무시지 못하셨으니 오늘 밤에는 청컨대 신이 진언陳言하는 언문諺文 소설책을 취침의 자資로 삼으소서."
>
> 상上께서 말씀하셨다.
>
> "언문諺文은 취침하는 방법이 아니요, 진서가 취침하는 방법이오."
>
> 김상로金尚魯가 아뢰었다.
>
> "어찌 그러하옵니까?"[46]

김상로가 소설책을 읽어줄 터이니, 들으며 주무시라는 말에 영조는 소설책을 듣는 것은 방법이 아니라고 대답한다. 김상로가 이유를 묻자, 영조는 옛날이야기라며 아이가 울 때마다 한적을 덮어주던 아낙의 일화를 말한다. 이야기 속 아이의 아버지가 책만 잡으면 누워 잠들었기 때문에 아낙은 한적을 수면제로 여겼다는 이야기다. 영조는 평소에도 소설을 들으며 잠들었고 김상로는 저간 사정을 알기 때문에 오늘은 자신이 읽어주겠다고 자원했을 터다.[47]

영조가 읽고 언급한 소설책은 다양하다. 제목을 언급한 것들이 이렇고, 관련 내용을 말했으나 아직 어떤 작품인지 특정하지 못한 것도 많다.

1. 구운몽                2. 금산사창업연록            3. 남계연담

4. 동한연의                5. 삼국지연의                6. 서유기

7. 서한연의                8. 수호지                    9. 탁록연의

10. 평요전              11. 홍백화전                12. 황명영렬전

영조의 이러한 소설 사랑은 자연스럽게 왕실에도 영향을 끼친다. 영빈暎嬪 이씨李氏 역시 소설을 애호한다. 한국학중앙연구원 장서각에는 영빈방暎嬪房 인장을 찍은 소설이 2종 전하고 있다. 바로『무목왕정충록』과『손방연의』다.

『무목왕정충록』은 송나라 명장 악비의 일대기,『손방연의』역시 손빈과 방연을 주인공으로 내세운 중국 소설이다. 두 작품 모두 국문 번역본 형태로 존재한다. 영조와 영빈 모두 소설을 애호했으며,

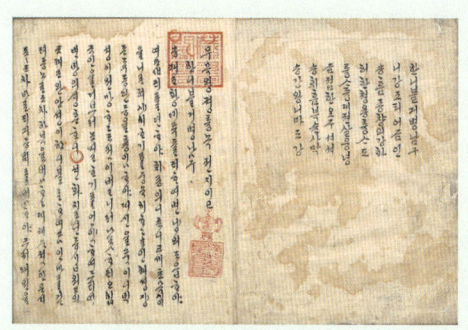

그림 14

『무목왕정충록』 권1,
한국학중앙연구원 장서각 소장

제목 아래에 영빈방인暎嬪房印이
찍혀 있다.

영조 대에 왕을 중심으로 왕실에 소설 탐독 문화가 만개한 사실을
알 수 있다.

그런데 소설에 관한 애호는 문제를 일으키기도 했다.


"흉한 글이요, 말이라, 헤아리기 어려울 만큼 흉참하도다!
무신년 치욕을 더 치욕스럽게 만드는구나. 거론한 조정 인
사 가운데 남아 있는 이가 하나도 없다. 문체는 금산사창업
연기와 비슷하다."

김재로가 답했다.

"그런 흉한 글이 들었다는 건 금시초문입니다. 글과 말이
어떠한지 전혀 모르겠습니다. 내려주셔서 본 다음에야 그
흉참함이 어떠한지 알 수 있을 것입니다."[48]

나주괘서 사건이 마무리된 다음 5월 2일 영조는 역적을 토벌한 것을 기념한 특별 과거인 토역정시를 열었다. 그런데 이날 첫머리는 과부科賦를 짓는 것처럼 써내려 가다가 아래쪽에 파리 머리만 한 작은 글씨로 영조를 비판하는 글이 적힌 시권이 제출되었다. 아울러 이름이 적히지 않은 상변서上變書도 제출되었는데, 영조의 이름이 적혀 있었다. 임금의 이름 글자는 절대로 휘諱해야 했다.

위 대화는 심정연을 친국하라고 명하며 참람한 글이 『금산사창업연기』와 비슷하다고 영조가 지적하는 대목이다. 위 인용문에서 무신년의 치욕은 1728년 이인좌의 난을 일컫는다. 영조는 경종이 급사하여 임금이 되었으므로, 즉위 초 정통성 논란을 겪었다. 이인좌의 난은 영조의 정통성을 문제 삼았고, 시권 속 작은 글씨 역시 이 문제와 무관하지 않았다. 분노한 임금 앞에 있던 김재로는 시권에 문제가 있다는 사실을 몰랐으며, 직접 봐야 흉참한 내용을 알 수 있다고 대답했다. 여기에는 『금산사창업연기』의 내용을 모른다는 의미가 담겨있다.

이 작품은 몽유록 계열에 속하며 『금산사몽유록』 혹은 『금화사몽유록』으로 불린다. 한 선비가 퇴락한 금산사에서 잠들었다가, 역대 창업주 모임을 보는 내용이다. 창업주를 필두로 중흥주, 제왕의 칭호를 받은 이들이 모두 모이기 때문에 창업연록, 창업연기로도 불린

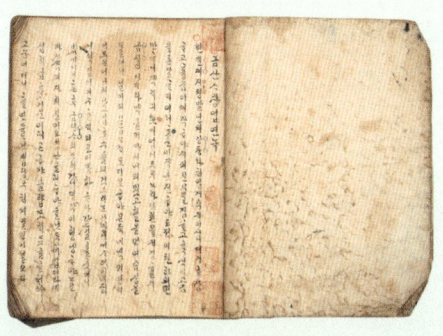

그림 15 ──────
『금산사창업연록』, 한글본,
국립한글박물관 소장

그림 16 ──────
『금산사창업연기』, 한문본,
한국국학진흥원 소장, 의성김씨 불구당종택 기탁

주인공이 퇴락한 금산사에 머물다가 꿈속에서 역대 제왕의 잔치를 목도하는 내용이다. 창업
주, 중흥주, 패왕霸王 등 역대 제왕은 제갈공명의 평가에 따라 각자 누각에 좌정한다.

다. 이 작품은 국분본, 한문본 이본이 고루 있는, 인구에 회자한 인기 소설이다. 내용은 제갈공명의 평가와 이에 따른 자리 배분 과정이 주를 이룬다. 제갈공명은 창업주의 업적에 따라 머무는 누각을 구분한다. 별 내용이 아닌 듯하지만, 창업주와 함께 중흥주도 참여하면서 정통성에 대한 논의가 장면마다 깔려 있다. 심연정이 쓴 『금산사창업연기』는 임금의 정통성에 관한 부분을 부각했을 것이다.

소설을 애독하던 영조였으니, 읽자마자 『금산사몽유록』을 떠올렸다. 영조는 다음 날 친국 때 『금산사몽유록』을 봤는지 물었다.[49] 심정연은 봤다고 답했다. 심정연은 『금산사몽유록』을 활용하면 영조를 격동할 수 있다고 판단해 일을 벌인 것이다. 실제로 『금산사몽유록』은 한문본이 59종, 국문본이 25종, 활자본이 6종에 이를 정도로 인기를 끌었다. 궁궐 밖에서도 영조가 소설을 애호해 항간의 작품까지 섭렵한다는 사실을 익히 알았던 것이다.

영조 대 왕실의 소설 향유에서 중요한 것은 다음과 같다. 첫째, 임금이 소설을 적극적으로 즐겼다는 점이다. 이에 관해서는 앞서 살핀 대로였다. 둘째, 임금이 신하와 소설과 관련된 이야기를 거리낌 없이 나눴다는 사실이다. 이로 인해 사대부 남성의 소설 독서 범위가 매우 넓어졌다. 임금이 소설에 관해 말할 때 알아듣고 대응하려면 신료도 소설을 읽을 수밖에 없었다. 셋째, 이전 세대의 왕실 소설 향유 문화가 이어졌으며 만개했다.

영조, 영빈이씨, 사도세자 모두 소설을 즐겼다. 영조의 소설 사랑에 뒤지지 않을 만큼 사도세자도 소설을 즐겼다. 아버지 영조가 청취를 통해 즐겼다면, 사도세자는 시각적 즐거움을 추구했다. 같은 취미였으나, 즐기는 방식은 달랐다.

## 소설 마니아였던 세자

사도세자는 그림을 잘 그렸다. 또 소설도 좋아했다. 사도세자의 재능은 거슬러 오르면 숙종에게 닿았다. 봉모당 목록에 '그림'을 남긴 임금은 선조, 숙종, 영조, 장조(사도세자), 정조 등 다섯 명이었다. 숙종이 지녔던 미술 재능은 정조까지 이어졌다. 영조는 경종에게 자신의 그림을 그려 선물할 정도였다. 형에게 선물할 정도였으니 영조는 그림을 좋아했고 잘 그렸을 법하다.

사도세자는 영조를 똑 닮았다. 그림을 좋아했으며, 소설을 몹시 즐겼다. 정조도 그림을 남겼으니, 만약 숙종, 영조, 사도세자, 정조가 현대에 태어났다면 아마도 대단한 미술가 집안을 이뤘을지도 모르겠다.

영조는 소설을 몹시 애독했다. 그는 신료들이 보지 못했던 작품까지 섭렵했다. 그런데 소설 감상에 몰입했던 영조와 달리, 아들 사도세자는 그림과 소설을 함께 즐길 방안을 마련했다. 소설의 삽화를 그려 책으로 만들었고, 사도세자는 그 책을 통해 그림과 소설을 함께 즐겼다. 그림을 감상하고 소설 내용을 떠올리는 방식이었다.

영조가 한·중의 모든 소설을 박람했다면, 아들 사도세자는 중국 소설을 위주로, 천주교 번역서까지 섭렵했다. 사도세자는 다양한 중국 소설을 접하며, 삽화와 글이 함께 있는 판본을 봤을 것이다. 기왕에 그림을 즐겼고, 소설 역시 애호했으므로, 삽화집의 간행은 어쩌면 당연한 귀결이었다. 이렇게 탄생한 책이 바로 『중국소설회모본』이다.

『중국소설회모본』은 본래 제명은 아니다. 이 책의 표지는 훼손되

그림 17

『중국소설회모본』,

「양산박호한겁법장梁山泊好漢劫法場」, 국립중앙도서관 소장

화면 가운데 흑선풍黑旋風 이규李逵가 쌍도끼를 휘두르고 있다.

었다. 일제강점기『지나역사회모본』이라고 표제를 붙였다가, '지나'를 '중국'으로 바꾸고 '역사'를 '소설'로 바꿔 호명한 것이 현재 서명으로 정착했다. 중국 소설의 삽화를 모사한 삽화 모음집이므로,『중국소설회모본』이라는 제명은 책의 정체성을 잘 드러내고 있다.

삽화는 화원 김덕성이 그렸다. 정조 곁에 단원 김홍도가 있었다면, 사도세자 곁에 김덕성이 있었다. 김덕성은 뇌공도로 유명하며, 명암 기법을 이른 시기에 활용한 화가다. 그의 뇌공도는 역동적 몸동작이 두드러지는데, 이러한 특장이『중국소설회모본』에도 잘 드러난다.『수호지』관련 삽화 속 호걸의 동작은 무척 힘이 넘친다.

한편, 사도세자는 『중국소설회모본』 서문에서 83종에 이르는 서명을 언급한다. 이 가운데 대부분이 소설이다.

| | | |
|---|---|---|
| 1. 개벽연의 | 2. 탁록연의 | 3. 서주연의 |
| 4. 열국지 | 5. 서한연의 | 6. 동한연의 |
| 7. 삼국지 | 8. 동진연의 | 9. 서진연의 |
| 10. 선진일사 | 11. 수당연의 | 12. 잔당연의 |
| 13. 남송연의 | 14. 북송연의 | 15. 황명영렬전 |
| 16. 속영렬전 | 17. 초사연의 | 18. 류인안 |
| 19. 서호가화 | 20. 인중화 | 21. 선진후사 |
| 22. 전등총화 | 23. 문원사귤 | 24. 염이편 |
| 25. 오색석 | 26. 형세언 | 27. 성세항언 |
| 28. 박안경기 | 29. 금고기관 | 30. 열선전 |
| 31. 여범 | 32. 사범 | 33. 양정도해 |
| 34. 손방연의 | 35. 사재자서 | 36. 옥교리 |
| 37. 옥지기 | 38. 춘풍안 | 39. 춘류앵 |
| 40. 파한담 | 41. 교연주 | 42. 호구전 |
| 43. 왕취교전 | 44. 변이채 | 45. 인봉소 |
| 46. 봉소매 | 47. 산중일석화 | 48. 선원전 |
| 49. 부공전 | 50. 성당연의 | 51. 태원지 |

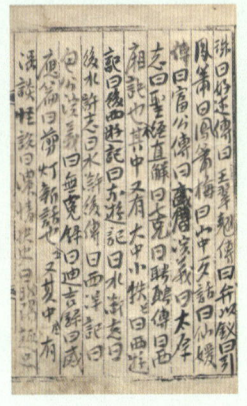

**그림 18**

『중국소설회모본』, 「소서小序」, 국립중앙도서관 소장

다양한 중국 소설이 언급된다.
사진 셋째 줄 끝에 『태원지』가 보인다.

83종은 사도세자의 박람을 보여주는 좋은 예다. 『중국소설회모본』에 이 83종이 모두 수록된 것은 아니다. 우리에게 익숙한 『수호지』, 『서유기』, 『삼국지』 관련 삽화가 큰 비중을 차지한다. 사도세자는 『염이편』, 『금병매』 등 색정소설뿐만 아니라, 『칠극』 등 천주교 관련 서적까지 박람했다. 이 가운데 2. 『탁록연의』는 영조가 사신에게 『남계연담』과 함께 사 오라고 시켰던 작품이다. 15. 『황명영렬전』은 『대명영렬전』이라고도 하며 영조가 번역을 명했던 중국소설이다. 34. 『손방연의』는 영빈 이씨의 인장이 찍힌 『손방연의』와 동일 작품이다.

한편, 서명을 언급하지 않았지만 삽화를 통해 부왕과 공유했던 작품을 더 확인할 수 있다. 앞서 영조가 『동전문집』 소재 「중산랑전」을 읽고 신하에게 언급했다고 했다. 흥미롭게도 『중국소설회모본』에 「중산랑전」 삽화가 있다. 영조가 읽던 소설이 사도세자에게 전해졌을 가능성을 서목과 이 삽화를 통해 타진할 수 있다.

사도세자는 어떤 계기로 소설을 접했을까? 결론부터 말하자면, 교육 때문이었다. 1747년(영조 23) 10월 영조는 세자에게 열두 달 중 독서하고 싶은 마음이 몇 번이나 드는지 물었다. 세자는 솔직하게 한두 번이라고 대답했다. 곁에 있던 조재민이 다음과 같은 말로 의견을 말했다.

**그림 19**

『중국소설회모본』, 「중산기랑中山欺狼」, 국립중앙도서관 소장

『승정원일기』 1754년(영조 30) 2월 13일.
영조는 소설에서 봤다며, 신하들에게 동곽선생과 늑대에
관한 이야기를 한다. 영조가 본 소설은 「중산랑전中山狼傳」
이다.

조재민이 아뢰었다.

"대개 역사와 소설은 번역하여 읽으면 쉽게 재미가 생기
옵니다. 만약 관리로 하여금 일일이 내용을 해석하여 처음
부터 끝까지 모두 말씀드리게 하면 세자께서 반드시 깨닫
는 단초가 될 수 있을 것이옵니다."

임금이 말하였다.

"그것 또한 폐단이 있소. 분명 소설 듣는 것을 더 좋아하
게 되어 독서는 더욱 꺼리게 될 것이오."[50]


소설 마니아였던 영조는 낭독을 듣는 것도 좋아했다. 그는 국문

소설이 양날의 검(?)이라는 사실을 익히 알았다. 조재민의 의견 역시 타당했다. 그의 말처럼 국문 소설을 읽는다면 쉽게 재미를 붙일 수 있을 터였다. 하지만 재밌는 소설을 편하게 읽고 듣는다면, 독서 습관은 더 요원할 수밖에 없었다. 국문으로 번역한 연의소설 등의 독서를 통해 역사에 흥미를 붙일 수 있겠지만, 이야기를 탐닉하는 일에만 열중할 수도 있었다. 이후 경과는 알 수 없으나, 『중국소설회모본』의 존재를 상기하면 사도세자의 교육에 번역 소설이 활용되었다고 봐도 크게 틀리지는 않겠다. 또 영조의 우려와는 다르게 사도세자는 '독서'를 무척 좋아하는 인물로 자랐다.

사도세자가 읽은 작품 가운데 『태원지』가 특히 눈길을 끈다. 이 작품은 1장에서 언급했듯, 사도세자가 소서에서 중국 소설로 언급한 까닭에 근래까지 중국 소설로 논의되었다. 텍스트 분석 결과 『동몽선습』을 번역해 삽입했고, 한문본이 발굴되면서 우리 소설로 결론이 났다.

『태원지』는 조선을 찾아가다 표류하게 된 주인공 '임성'과 호걸들의 탐험을 다룬 해양 판타지 소설이다. 오랑캐를 물리치고자 했던 임성과 호걸들은 더 큰 세상에 발을 디디며 입장을 바꿔 오랑캐로 전락한다. 『태원지』가 돋보이는 이유가 여기에 있다. 이 작품은 중화를 찬양하지 않는다. 화華와 이夷를 상대적인 것으로 규정한다. 화華도 이夷가 될 수 있다. 마치 『걸리버 여행기』의 걸리버가 소인국에서 거인이 되고 거인국에서 소인이 되었듯 말이다.

영조 대에 이르면 왕실 전체가 소설에 매혹되었다. 또 소설 향유의 중심에 임금과 세자가 자리했다. 영조와 사도세자는 자신만의 방식으로 소설을 즐겼다. 사도세자의 아들은 달랐다. 정조는 소설을 몹시 싫어했다. 하지만 왕실의 소설 열풍은 정조도 막지 못할 만큼 뜨거웠다.

### 소설의 범람과 정조

영조 재위기를 거치며 궁궐은 소설로 넘쳐났다. 왕과 세자가 나

**그림 21**

『중국소설회모본』, 「사인득도四人得道」, 국립중앙도서관 소장

사도세자가 읽었던 『동유기』는 일명 『상동팔선전』이라고
불린다. 여덟 명의 신선에 관한 이야기이다. 종리권(파초선
芭蕉扇), 조국구(관복官服), 이철괴(호리병), 여동빈(보검寶劍)
으로 추정된다.

서서 소설을 애독했으므로, 주변부도 거리낌 없이 소설을 즐겼다.
사도세자가 서문을 쓴 『중국소설회모본』 속 삽화와 나열된 서명은
당시 왕실의 소설 애독열을 그대로 보여줬다.

정조는 할아버지, 아버지와 달랐다. 그는 소설의 범람을 우려했
으며 적극적으로 막았다. 하지만 화원 김홍도가 정조의 명을 받아
신선도나 군선도群仙圖를 남겼던 것을 고려하면, 정조가 소설을 아
예 읽지 않았던 것은 아니었을 터였다. 조희룡, 『호산외기壺山外記』
에 따르면, 정조는 김홍도에게 궁궐 벽화로 해상군선도海上群仙圖를
그리라고 명했다. 군선도群仙圖는 팔선八仙을 중심으로 구성되었고,
이들의 행적을 다룬 중국 소설 『동유기東遊記』는 일찍부터 인기를

끌었다. 또 아버지 사도세자 역시 『동유기』를 읽었다. 『동유기』 삽
화를 『중국소설회모본』에서 확인할 수 있다(그림 21). 조심스러운
추정이지만, 정조는 소설 문체文體는 지양했지만, 그 속에 담긴 초
월적 세계는 내심 지향했었던 것으로 판단된다. 문자가 아닌 회화
로 즐겼다는 점에서 사도세자와 정조는 접점이 없지 않다.

　　이 시기 기록은 왕실의 독서 문화를 직접적으로 보여주지는 않는
다. 대신 궁궐에 국문 소설이 축적되는 과정을 보여준다. 앞서 영조
가 『황명영렬전』의 번역을 명하거나, 사도세자의 교육에 소설을 활
용하자고 조재민이 건의하는 장면을 확인한 바 있다. 여기에 더해
소설은 고위층을 위한 선물로 활용된다.

　　이유원, 『임하필기』에 극옹屐翁 이만수李晩秀(1752~1820), 동어桐魚

이상황李相璜(1763~1841), 경산經山 정원용鄭元容(1783~1873) 관련 일화가 전한다. 정원용 일화는 평소 한서閒書를 보지 않았다는 내용이라 생략한다.

> 극옹 이만수는 평생 패설이 무슨 글인지조차 알지 못하였는데, 어느 날 어떤 사람이 그에게 김성탄이 비점을 한 『서상기西廂記』와 『수호전水滸傳』 두 책을 선물하였다. 공이 한번 훑어본 뒤 크게 놀라며 말했다.
> 
> "이 글이 문자의 변환變幻을 능히 갖추고 있을 줄은 생각지 못했다."
> 
> 이로 말미암아 그가 짓는 글의 체제가 크게 변하였다. 동어 이공李公은 평일에 손에서 놓지 않고 항상 보는 책이 곧 패설이었는데, 어느 종류인지를 따지지 않고 신본新本을 즐겨 보았다. 그 당시 역원譯院의 도제조를 겸대兼帶하고 있었는데, 연경燕京에 가는 상역象譯들이 앞다투어 서로 사다가 그에게 바쳐 수천 권이나 쌓였다.[51]

이 기록은 정조 시대에 소설이 이미 지식인 사이에 깊이 뿌리 내린 정황을 보여준다. 또 국문 소설이 일종의 뇌물로 쓰였다는 사실도 보여준다. 위에서 언급된 이상황은 숙직 중에 『평산냉연』을 읽다가 정조에게 들킨 일도 있다. 이상황의 심정이 어떠했을까? 모르긴 몰라도 식은땀이 등을 적실 정도였을 것이다.

앞서 정미년에 이상황과 김조순이 예문관에서 함께 숙직하면서 당·송 시대의 각종 소설과 『평산냉연』 등의 서적들을 가져다 보면서 한가히 시간을 보내고 있었다. 그런데 상이 우연히 입시해 있던 주서로 하여금 이상황이 뭘 하고 있는지 알아보게 했다. 이상황이 때마침 그러한 책들을 읽고 있었으므로 그것을 가져다 불태워버리도록 명하고서는 두 사람을 경계하여 경전에 전력하고 잡서들은 보지 말도록 하였었다.[52]

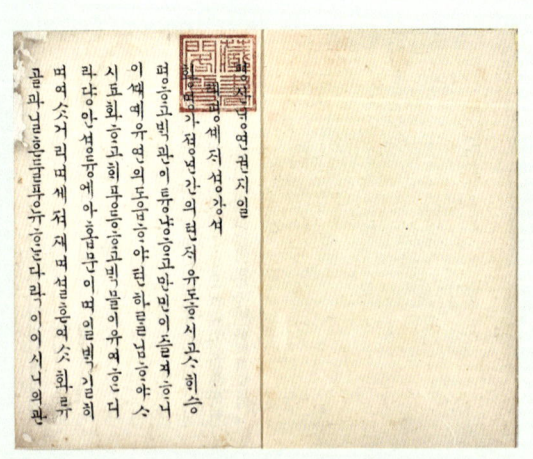

**그림 23**

『평산냉연』 권1,
한국학중앙연구원 장서각 소장

청나라 소설 『평산냉연』의
국문 번역본이다. 제목은
등장인물 평여형, 산대,
냉강설, 연백함의 성姓을
따온 것이다.

이상황은 이 일을 계기로 패설(소설의 별칭)을 비판하는 「힐패」를 쓴다. 여기서 힐詰은 꾸짖다라는 뜻이다. 소설을 꾸짖으며 보지 않겠다고 다짐하는 일종의 반성문인 셈이다. 위 기록에서 언급된 『평산냉연』은 청나라 소설로 조선 문인 사이에 애독된다. 이 작품의 국문 번역본 10책이 한국학중앙연구원 장서각에 소장되어 있다. 정조에게 들킨 다음 읽던 책을 불살랐으니, 그가 원서를 봤는지 국문 번역본을 봤는지 알 수 없다. 다만, 사대부 문인 사이에 소설이 몹시 유행했으며, 국문 번역본을 일종의 뇌물로 조정 신료에게 썼던 사실을 확인할 수 있을 뿐이다.

이처럼 정조는 소설의 범람을 막고자 했으나 역부족이었다. 궁궐 밖에서는 소설을 읽어주는 것으로 생업을 삼는 전기수가 활동했고, 궁궐 안에서는 비빈과 궁녀가 소설 필사에 열을 올렸다. 효종이 『삼국지연의』를 번역하고 인선왕후가 필사했던 기록은 앞서 살폈다. 왕실 구성원이 소설책 제작에 몸소 참여하고 협동했던 일은 드러나지 않았을 뿐이지 정조 시대까지 줄곧 이어졌다.

『곽장양문록』은 당시 왕실의 소설 열풍을 잘 보여주는 자료다. 이 작품은 『몽옥쌍봉연록』의 후속작으로, 10책 본 이본에 필사자가 기록되어 있다. 필사자 가운데 일궁자가, 이궁자가 있으며 훗날 후궁이 되는 의빈성씨도 있다. 일궁자가는 정조의 여동생 청연군주, 이궁자가는 청선군주로 추정된다. 왕실에서 정조 빼고 모두 소설을 즐긴 셈이다.

『곽장양문록』은 왕실에서 번역 소설뿐만 아니라, 우리 소설 역시 애독했다는 사실을 알려준다. 공주와 궁녀는 읽으면 읽을수록 빠져들었기 때문에 필사를 멈출 수 없었을 것이다. 도대체 이 작품의 어떤 점이 왕실 여성을 사로잡았을까?『곽장양문록』의 초반 이야기는 다음과 같다.

당唐나라 덕종德宗 때 좌승상左丞相 장홍의 장녀 광염은 분양왕汾陽王 곽자의郭子儀의 증손曾孫 선경과 혼인한다. 선경은 아름답지만 지나치게 엄격하고 올곧은 광염과 금실이 좋지 못해 주씨·한씨·이씨·가씨를 차례로 맞아들인다. 한씨는 장광염이 결국 곽선경의 애정을 독점할 것으로 생각하고 모해를 결심한다. 한씨는 장광염과 가씨를 모해하여 축출逐出하고, 악행을 감추기 위해 시어머니인 양 부인마저 곽씨 집안에 돌아오지 못하게 한다.

분양왕 곽자의의 증손인 곽선경은 여러 아내를 맞이한다. 이 과정에서 쟁총爭寵이 일어나며 복잡한 사건이 전개된다. 서사는 후손

대까지 이어지며, 온갖 악행을 저지르는 악인이 쉬지 않고 등장한
다. 곽선경의 첫 아내 장광염은 궁궐 노비로 전락轉落하기까지 한
다. 주인공이 음해를 당하고 고난을 겪다가 끝내 누명을 벗는 과정
은 현대 드라마와 매우 비슷하다. 그런데 드라마와 비슷하지만, 중
국 소설 『금병매』나 『수호지』와 달리 선정적이지 않다. 다시 말해
서, 『곽장양문록』 등 왕실에서 읽던 긴 소설은 눈살을 찌푸리게 만
드는 선정적 내용, 예컨대 성행위나 살인을 노골적으로 묘사하는
서술은 없다. 자극적 장면이 없지 않으나, 열녀의 열행烈行을 돋보
이게 하는 수단일 뿐이다. 표현이 완곡하고 특히 남녀 의리를 매
우 중요하게 취급하고 있다. 이처럼 법도에 맞는 내용과 우아한

표현이 중국 소설의 번역본이 아닌, 우리 소설을 읽도록 이끌었을 것이다.

정조 시대 왕실은 이전 세대와 마찬가지로 소설에 매혹되었다. 정조는 소설의 범람을 막고자 했으나, 이전 세대부터 불었던 열풍을 홀로 막기에는 역부족이었다. 사도세자를 통해 번역 소설이 대거 궁에 유입되었다면, 정조 대에는 번역 소설과 함께 우리 소설도 유입되었다. 공주가 필사에 참여할 정도로 이 시기 왕실과 궁궐은 국문 소설로 넘실거렸다.

**3**

왕실이 갈무리한 소설

## 낙선재본 소설의 성립

"十年十二月二日　李課長恒九返納　借覽證贊侍室ㅋ리閭失

故錄置以爲後考

대정 10년 12월 2일 과장 이항구 반납, 차람증 찬시실에

서 분실. 고로 기록해 후일 증거로 삼음"

― 연경당 『한문목록』 부 「언문목록」

낙선재는 창덕궁에 자리한 전각이다. 창덕궁 진선문을 거쳐 숙장문으로 나서면 어차고御車庫가 있다. 여기를 지나면 바로 갈림길이 나온다. 갈림길 우측으로 꺾어 들어가면 단청을 입히지 않은 전각 세 개가 잇대어 있다. 보이는 순서대로 낙선재樂善齋, 석복헌錫福軒, 수강재壽康齋다. 왕실 소설의 또 다른 이름인 '낙선재본 소설'은 창덕궁 경내 낙선재에 소장되었던, 번역 소설을 아우른 일군의 국문 소설을 일컫는다.[53] 왕실 소설을 낙선재본이라고 일컫는 이유는 이곳에 84종 2천여 책이 군집되었기 때문이다.

헌종의 문집인 『원헌고元軒稿』 소재 「낙선재상량문樂善齋上梁文」에 따르면[54] 낙선재 건립 시기는 1847년(헌종 27)이다. 그런데 낙선재에 많은 소설류를 군집한 시기는 이로부터 약 80여 년 뒤로 추정된

다. 낙선재본 고전 소설로 알려진 작품 거의가 1920년 이왕직李王職
이 작성한 연경당『한문목록』(장서각, K2-4968) 부록「언문책목록」
에 보이기 때문이다. 낙선재에 있던 고전 소설은 본래 연경당 문고
였던 셈이다. 이후 1929년 이왕직이 작성한『연경당도서인계목록』
(장서각, K2-4966)에는「언문책목록」소재 고전 소설 제명이 보이
지 않는다. 따라서 연경당에 수장했던 국문 소설을 낙선재로 옮긴
시점은 1920~1929년 사이이다.

　장서각의 연혁을 정리했던 천혜봉은 순정효왕후 윤씨[순종비,
1894~1966]가 1928년 7월 순종 신위를 부묘한 뒤 연경당에서 낙
선재로 이사했다는 실록 기사를 토대로, 이때 국문 소설을 낙선재
로 옮겼다고 보았다.[55] 이사를 즉흥적으로 결정하지 않았을 터이니
1928년 전후로 연경당 세간과 문고를 낙선재로 옮기며 거처할 준비
를 했을 것이다.

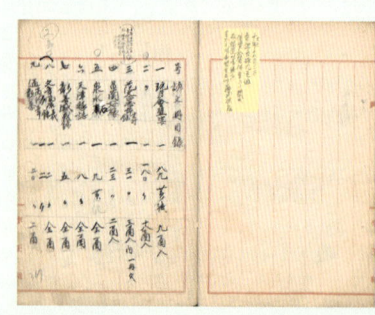

**그림 25**

연경당『한문목록』,「언문책목록」,
한국학중앙연구원 장서각 소장

범문정충절언행록 항목 상단에 "대정 10년
12월 2일 과장 이항구 반납. 찬시실에서 차
람증 분실. 이에 훗날 검증하도록 기록함[十
年十二月二日 李課長恒九返納 借覽證贊侍室ヨり闕失
故錄置以爲後考]"이라는 메모가 있다. 이항구
는 이완용李完用(1858~1926)의 아들이다.

한국학중앙연구원 장서각에는 낱장으로 된 「도서목록」이 있다. 우측에 침안이 있는 것으로 봐서 「도서목록」은 성책에서 분리된 문건이다. 이 문건은 『완월회맹연』 두 종으로 시작하여 『옥난기연』까지 156항목의 한글 문헌을 기록하고 있다.

1. 완월회맹연　　　2. 완월회맹연　　　3. 정사기람

4. 홍루몽　　　　5. 명행정의록　　　6. 엄씨효문청행록

7. 하씨선행후대록　8. 화씨충효록　　　9. 위씨오세삼난현행록

10. 화산선계록　　11. 양현문직절기　　12. 양문충의록

13. 서주연의　　　14. 선진일사　　　15. 쾌심편

16. 현몽쌍룡기　　17. 속홍루몽　　　18. 한조삼성

19. 조야기문　　　20. 재생록전　　　21. 충렬협의전

22. 충렬소오의전　23. 명주보월빙　　24. 효의정충예행록

25. 효의정충예행록　26. 윤하정삼문취록　27. 쌍천기봉

28. 삼국지　　　　29. 유씨삼대록　　　30. 평산냉연

31. 잔당오대연의　32. 후수호지　　　33. 태평광기

34. 당진연의　　　35. 조야회통　　　36. 조야회통

37. 조야첨재　　　38. 당진연의　　　39. 이씨세대록

40. 조야기문　　　41. 보은기우록　　　42. 위씨오세삼난현행록

43. 하진양문록　　44. 태상감응편　　45. 열성지장통기

46. 국조고사　　　47. 고후전　　　48. 북송연의

**그림 26**

창덕궁 낙선재 전경, 국가유산청 국가유산포털에서 전재

| | | |
|---|---|---|
| 139. 이언총림 | 140. 견한록 | 141. 금고기관 |
| 142. 유씨남매현행록 | 143. 백련시 | 144. 거평위윤공전 |
| 145. 녀용기 | 146. 징세비태록 | 147. 규범 |
| 148. 표해록 | 149. 아의원람 | 150. 적성의전 |
| 151. 요람 | 152. 요로원야화기 | 153. 숙묘행장 |
| 154. 행록 | 155. 명현성호 | 156. 옥난기연 |

「도서목록」과 연경당 『한문목록』 부록 「언문책목록」은 수량이 같지 않다. 「도서목록」은 156종, 「언문책목록」은 214종으로 차이가 난다. 『범문정충절언행록』은 「도서목록」에 없으나, 「언문책목록」에 있다.

또 동일한 형식의 공책에 기입했지만, 표기 방식도 다르다. 「도서목록」은 한글로 쓰였지만, 「언문책목록」은 한자로 쓰였다. 「언문책목록」은 우선 연필로 조사된 다음, 붓으로 기입하는 방식으로 조사되었다. 「언문책목록」은 212번 「산론」 다음 연필로 쓴 213번 『열성어제』를 삭제했고 그 옆 「임씨삼대록」도 삭제했다. 이후 213번 『명행정의록』, 214번 「화문록」이 이어진다.

「도서목록」이 궁궐 어느 곳의 서적을 조사한 것인지 확언은 어렵다. 다만, 서명 다수가 겹치는 점에서 1920년 이전 연경당 한글 서적을 조사한 목록으로 추정된다. 이왕직에서 1920년 「언문책목록」을 작성하기 전 연경당에 1차로 군집한 156종의 한글 서적이 있었고,

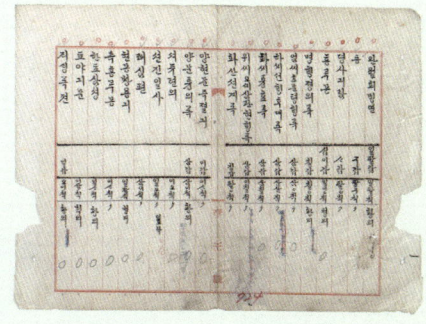

이후 궁 여기저기 흩어져 있던 서적을 모아서 연경당 『한문목록』
「언문책목록」을 작성한 사실을 알 수 있다. 이렇게 연경당에 군집한
한글 문헌은 214 항목에 달했다.

「도서목록」의 『태평광기』, 『역언』, 『구래공정충직절기』, 『설월
매』, 『동사기람』, 『열성후비지문』, 『태상감응편도』, 『선원보략언해』,
『강감정사략』, 『옥원중회연』, 『아희원람』, 『행록』 등 12종은 「언문
책목록」에서 빠졌다. 「도서목록」에 없고 「언문책목록」에 있는 74종
은 다음과 같다.

1. 각도서원　　　　2. 강감정사약　　　3. 건릉환봉기

4. 고대신공신행장록　5. 곽무왕충장록　　6. 곽분양전

7. 군선고회부　　　8. 규장전운　　　　9. 규합총서

10. 대학　　　　　11. 대한명신록　　　12. 동의보감

「도서목록」에 없던 74종의 국문 문헌이 연경당 「언문책목록」에 추가되었다. 연경당은 왕실의 국문 문헌 전용 문고 역할을 했을 법하다. 그러면 언제 연경당으로 서적을 모았을까? 고종(1863~1907) 대인 19세기 후반으로 추정된다. 1837년(헌종 3)에 순종과 익종의 어진,[56] 1857년(철종 8)에는 모훈을 연경당에서 다른 전각으로 옮겼다는 기사가 있다.[57] 해당 기사를 보면 연경당은 어진이나 모훈 등 소설이 아닌 위계가 높아 '봉안'할 문헌이나 그림을 소장했던 곳이다. 또 연경당 터가 추습해 모훈을 옮겼다는 이전 사유를 고려하면 방화 및 방습 기능을 갖춘 서고를 신축하기 전 이곳에 다시 다수의 문헌을 거둬들였을 가능성은 낮다.

연경당 건축 연혁을 정리한 연구에 따르면, 서고 선향재의 건립 시기는 벽돌을 사용한 건축 기법의 적용 시기를 근거로, 경복궁 집옥재와 비슷한 1870년 무렵으로 추정했다.[58] 선향재 등 부속 건물이 완비되면서 연경당은 비빈이 거처하는 곳으로 쓰였고 이 무렵 창덕궁과 창경궁에 흩어져 있던 번역 소설을 포함한 고전 소설 역시 모았을 것이다.

또 이병기에 따르면 1884년 문사 이종태가 고종의 명을 받아 많은 중국 소설을 번역했다고 했으니,[59] 19세기 말에는 각종 번역 소설이 연경당 선행재에 갈무리되었을 것이다. 1883년 인천제물포

각국조계장정仁川濟物浦各國租界章程을 통해 외국 조계지가 생겼고,
1884년 3월 인천화상조계장정仁川華商租界章程을 통해 청나라 조차
지가 구획되었다. 1884년(고종 21)을 전후하여 문사 이종태가 중
국 소설을 번역한 원전 자료는 청나라 조차지에서 구득求得했을
터다.[60]

한편, 낙선재본 소설 가운데 『남계연담』은 연경당 이전 소장처에
관한 표식이 있어 주목을 유한다. 이 책의 원소장처는 관문각이다.
『남계연담』권수제 아래 장서인은 관문각서화기觀文閣書畫記이다(그
림 5 참조). 관문각觀文閣은 궁복궁 내 건청궁 일원에 있던 유럽식
2층 건물이다.

관문각은 1888년(고종 25) 유럽식 건물로 건립되었고[61] 1891년 (고종 28)에 2층으로 개축되었다. 설계자는 러시아인 사바틴이다. 이곳에 옥책, 어진 등을 보관했다고 알려져 있다. 1895년(고종 32) 건청궁에서 을미사변이 발발했고 고종은 이듬해 2월 러시아 공사관으로 피신했다. 이후 1901년(광무 5) 6월 6일 훼철되었다.[62] 따라서 관문각서화기 인장이 있는 『남계연담』 두 책은 1901년을 전후하여 관문각에서 유출되었다고 볼 수 있다.

한글은 집안의 윗대 어른이라고 할 수 있는 세종대왕이 창제한 글자로, 왕실은 이를 자랑스럽게 여기며 애용했다. 왕실 가운데서도 여성이 많이 사용했으며, 여성을 위한 한글 서적은 한자를 일절 사용하지 않았다.[63] 왕실의 한글 전적은 여성 성원成員을 독자로 삼아 제작되었다.

많은 한글 문헌을 연경당 선향재에 군집한 것은 한글 사용의 중심에 있던 왕실 여성을 위한 조치였다. 또 방금 살핀 『남계연담』이 연경당 선향재 문고에 편입된 이유였다. 『남계연담』은 명나라 초기 역사를 다루므로, 이 작품은 역사 지식을 함양하는 기능이 있다. 요컨대, 연경당 선향재는 왕실과 궁궐의 여성을 위한 서고로 꾸려졌으며, 이러한 특성은 낙선재로 계승되었다.

현전 낙선재본 고전 소설의 규모는 1902년 무렵 갖춰진다. 이렇게 짐작할 까닭은 윤백영의 증언에 있다. 『주간 여성』 인터뷰에 따르면, 윤백영의 할머니 덕온공주는 1837년 하가하며 2천여 권의 국문 소설을 지참한다.[64] 이 인터뷰에서 흥미로운 대목은 1902년 철인 왕후 김씨(철종비, 1837~1878)의 명을 받아 윤백영이 가장 국문 소설 1천여 권을 가지고 입궐했다는 증언이다. 덕온공주가 읽었던 고전 소설 가운데, 사후당이 천여 권을 궁에 가져간 1902년은 그의 나이 15세에 해당한다. 이 해 사후당은 예조참판 유씨댁에 시집갔으니, 궁에 가져갔던 국문 소설은 고스란히 남았을 터다. "지금 창경원 장서각에는 그때 그 책들이 그대로 모두 보관돼 있어요. 그 책들을 보면, 지금이라도 철인왕후를 뵙듯 반가워요."라는[65] 윤백영의 발언은 이러한 짐작에 무게를 실어준다.

이 기사는 철인왕후의 몰년沒年 때문에 그대로 믿기 어렵다. 철인왕후 몰년은 1878년으로 사후당師侯堂이 태어나기 전이다. 그러나 시집가던 해 겪은 인상 깊은 기억이 왜곡될 가능성은 낮다. 취재한 기자가 철종哲宗의 비빈妃嬪 후궁後宮 가운데 철인왕후 김씨와 숙의淑儀 김씨金氏(1833~?)를 헷갈렸을 수 있다.

어찌 됐든 1902년경 윤백영이 가져갔던 국문 소설은 궁에 남았고 1920년 이전 연경당 선향재에 군집되었다. 1920년 연경당 『한문목록』 부附 「언문책목록」이 작성된 다음 1928~1929년을 전후해 순정

효왕후 김씨가 연경당에서 낙선재로 이사하며 왕실의 소설은 낙선재로 이관되었다. 따라서 왕실과 궁궐의 여성을 위한 '한글 문헌 문고'라는 낙선재의 특색은 연경당에서 연원했다.

낙선재 문고는 현재 한국학중앙연구원 장서각에 소장되어 있다. 낙선재 문고가 전쟁 중 북송될 뻔했으며 국군이 수습해 장서각에 이관한 사실은 앞서 언급했다. 장서각은 1915년 4층 규모의 서양식 건물로 지어졌다. 황실 도서관으로 축조되었던 장서각은 이왕가박물관이 1938년 덕수궁으로 이전하자, 구舊 이왕가박물관 건물로 이관되었다. 북송될 뻔했던 낙선재 문고의 왕실 소설은 국군에 의해 1950년 장서각(구舊 이왕가박물관)으로 이관되었으며(그림 2 참조), 1966년 세간에 다시 빛을 보았다. 장서각 전적은 1981년 정신문화연구원(현現 한국학중앙연구원) 장서각으로 이관되어 현재에 이르렀다.

## 왕실 소설의 형태

낙선재 문고 가운데 84종 2,000여 책이 소설이다. 낙선재본 소설의 면면을 살피면 분량은 단권에서 180책에 이르기까지 상이하며 내용도 다채로워, 궁중소설의 특징이라 할 엄밀한 내용 범주를 정하기 애매하다. 따라서 '낙선재본'은 소장 자료의 특색을 종합해 드러내기보다는 소장처를 중점에 둔 용어라고 하겠다. 다만, 왕실의 컬렉션에 해당하므로 조선 최상층의 기호를 반영하고 있다는 점에서 형태와 내용상의 일관성을 느슨하게나마 도출할 수 있다.

내용의 범주를 상정하기는 어렵지만, 낙선재본 소설은 일관된 형태적 특성을 공유한다. 낙선재본 소설은 공격지가 있으며 전아한 한글 필체로 정서淨書되었다. 또 서른 책을 상회하는 거질 형태의 작품이 다수 존재하는 점 역시 낙선재본 문고의 특색이겠다.

이와 관련해 『위씨오세삼난현행록』이본은 왕실 소설의 형태적 특징을 잘 보여준다. 이 작품은 『위씨오세삼난현행록』, 『위씨세대록』이렇게 두 종의 이본이 전하고 있다. 두 이본 모두 27책에 달하는 대장편소설이다. 이 작품은 궁사를 짜깁기한 한시가 나타나며, 연회 장면이나 물품을 장황하게 서술하는 특징이 있다. 연회 장면에서 나열한 물품이 의궤에서 볼 수 있는 것들이라, 상궁의 소작일 가능성을 타진하는 연구자도 있다. 작가가 상궁인지 아닌지 논란의 여지가 있으나, 궁과 연관이 깊은 인물의 소작임은 분명해 보인다.

두 종의 이본 가운데『위씨세대록』은 교정을 본 흔적이 있고, 『위씨오세삼난현행록』은 이를 반영해 정사한 이본이다.『위씨세대록』권8은 "샹이 ᄎ마 보디 못ᄒ샤 농포 ᄉ매로 뻐 눈을 ᄂ리오시고 위ᄒ여 측연ᄒᄆᆯ 마디 아니시니"라고 나오고 '농포'에서 'ᄂ리오시고'까지 붉은 점을 칠해 삭제 표시를 했고[66]『위씨오세삼난현행록』권8은 이를 반영하고 있다. 다음과 같은 부분 역시 교정본과 정사본 관계임을 보여준다.

『위씨오세삼난현행록』권7,
한국학중앙연구원 장서각 소장

필체가 확연히 차이 난다. 또 『위
씨오세삼난현행록』은 『위씨세대
록』과 달리 침을 묻혀 손가락으로
집는 곳이 없다. 『위씨오세삼난현
행록』은 마지막 줄 맨 끝까지 채
워서 필사했다.

　　　궁흔 사룸 되기룰 둘게 너겻더뇨 〔添〕 밋친 도적이 챵궐

ᄒ니 튱의룰 격발ᄒ도다 샹쳔이 공의게 브됴ᄒ시니 공의

참독ᄒᄆ를 엇디 말ᄒ리오

　　　　　　　　　　　　　　　　　　—『위씨세대록』권7(그림 29)

　　　밋친 도적이 챵궐ᄒ니 튱의룰 격발ᄒ도다 샹쳔이 공의게

부됴ᄒ시니 공의 참독ᄒᄆ를 엇지 말ᄒ리오

　　　　　　　　　　　　　　　—『위씨오세삼난현행록』권7(그림 30)

　　　위 인용문에서 밑줄 친 '밋친 도적이 챵궐ᄒ니 튱의룰 격발ᄒ도

다'는 주필朱筆로 쓰였으며 문장 사이에 자리한다. 따라서 밋친 이

124

하 주필은 덧붙여 넣은 첨가문添加文에 해당한다. 교정 사항을 빠짐없이 반영했으므로, 『위씨세대록』이 교정본, 『위씨오세삼난현행록』이 최종 정사본이라는 점에 췌언은 필요 없을 듯하다.

또 『위씨세대록』은 형태도 특이하다. 공격지를 갖췄지만, 책장 넘기는 자리를 마련하고 있다. 책장 넘기는 자리는 보통 여러 사람이 책장을 만지는 세책본에 나타난다. 반면, 표지와 본문 사이에 넣는 공격지는 왕실 소설에서만 나타나는 특징이다. 여기에 더해 『위씨세대록』 권15 뒤쪽 공격지에 "닉외 공장 육십일 장"이라고 적혀 있다. 선행연구는 왕실 소설에 나타난 이러한 문구를 종잇값과 필사료를 받기 위한 것으로 본다.[67] 정리하면, 초고를 궁 밖으로 보내 교정을 위한 『위씨세대록』을 제작했고 이 과정에서 왕실 소설의 형태를 숙지하지 못한 필사자가 세책본 형태로 필사한 것으로 판단된다. 궁 안에서 납품받은 『위씨세대록』을 교정 및 정사淨寫하여 성책한 것이 『위씨오세삼난현행록』이다.

그렇다면 『위씨오세삼난현행록』이 필사된 곳은 어디일까? 조심스러운 추정이지만 궁궐 안일 가능성이 높다. 『위씨오세삼난현행록』은 침을 묻혀 넘기는 자리가 없다. 서술된 문면은 정방형을 이룬다. 또 『위씨오세삼난현행록』은 『위씨세대록』의 교정 사항을 충실하게 반영하지만, 관직명을 인명으로 고친 곳이 몇 군데 있다. 이는 궁궐 내 교정자의 구두지시이거나, 왕실의 대장편소설을 많이 필사한 전문 필사자가 임의로 교정한 것이다. 따라서 『위씨오세삼난현행록』은 『위씨세대록』의 교정 사항을 반영해 궁 안에서 정서했을 가능성이 높겠다.

한편 궁궐 밖에서 필사되어 납품된 대장편소설도 있다. 『양문충의록』은 옥룡동의 옥룡처사, 순후, 운계 등이 필사했다는 사실이 적혀 있다. 또 "공장 아오로 스십 냥"이라고 적혀있다. 공장은 공격지를 말한다. 앞서 말했듯 종이 대금과 필사료를 받기 위한 조치이다.[68] 이 작품은 책장을 넘길 때 침을 묻혀 집을 수 있는 곳이 있다. 옥룡동에 거주했던 필사자가 거론되고, 대금을 위한 수량 표시가 나타나며 책장을 넘길 때 침을 묻히는 자리를 마련했으므로 『양문충의록』은 궁 밖에서 필사되어 납품된 작품이다.

이처럼 상품으로 납품된 작품이 있는가 하면, 작가가 의도를 갖고 궁에 흘려보낸 작품도 있다. 바로 『완월회맹연』 180책이다. 『완월회맹연』은 제목부터 익히 알던 고전 소설과 다르다. 이 작품은 주인공의 이름을 내세운 『춘향전』, 『홍부전』, 『심청전』 등 달리, 완월玩月·회맹會盟·연宴의 조합이다. '완월'은 환한 달을 감상한다는 뜻인데, 여기서는 소설 속 배경인 완월대를 뜻한다. '회맹'은 모여서 하는 맹세, '연'은 잔치를 뜻한다. 제목을 풀어버리면 그 맛이 감하는 법이나, 직역하면 '완월대[완월] 잔치[연]에서 모여 한 맹세[회맹]' 정도가 된다.

이 제목은 180권에 이르는 서사의 시발점에 대한 묘사이다. 『완월회맹연』은 정씨 가문을 중심으로 4대에 걸쳐 서사를 전개한다. 이야기 초반 정한의 생일잔치가 완월대에서 열리고, 이때 친분 있는 가문이 혼약을 맺는다. 다음은 완월대에서 가졌던 회맹연 장면이다.

정한이 웃으며 말했다.

"이제 어린 자녀가 있어, 혼인을 의논하는 것은 사양할 바가 아니다. 그러나 두 가문의 문벌과 자녀의 사람됨이 어깨를 나란히 할 정도니, 두 사람 앞에서 굳게 다짐하여 훗날에라도 약조를 깨지 못하게 하라!"

정잠, 정삼 형제가 공손히 절하고 아버지의 말을 그대로 따랐다. 정국공이 웃으며 말했다.

"오늘 밤 어르신과 여러 선생님을 모시고 완월대에서 달빛을 감상하고자 했더니, 뜻하지 않게 자녀들의 혼사를 약조했습니다. 저희가 정의로 모여 굳게 다짐한 일에 증인이 되겠습니다. 그리고 훗날 혼례를 올릴 때 축하주를 많이 받고 만약 하나의 혼약이라도 어기는 사람이 있다면, 오늘 일을 상기시켜 꾸짖고 사람 취급을 하지 않겠습니다."

그 자리에 있던 모든 사람이 웃으며 말했다.

"정국공의 말이 정론이오. 모인 이들이 한가지로 증인이
되겠소!"[69]


이 혼약을 말미암아 숱한 남녀 등장인물이 고난을 겪는다. 4대에
걸쳐 전개되는 180권의 호대한 서사가 달빛 아래 완월대에서 가졌
던 잔치 자리에서 뻗어나간 셈이다.

『송남잡지』에 따르면 『완월』은 안겸제의 어머니 전주이씨 소작
이며, 궁중에 흘려보내 명성과 영예를 넓히고자 창작된다.[70] 물론,
『완월』이 『완월회맹연』을 일컫는지 연구자마다 이견이 없지 않다.
또 이 문제는 『완월회맹연』과 같은 대장편소설을 1인의 창작으로
볼 것인지, 아니면 공저로 볼 것인지에 관한 연구자의 시각과도 연
계된다. 앞서 이와 관련해서 거칠게나마 살폈으므로 여기서는 다
만, 여성에게 있어 소설 창작이 명성을 얻는 수단이었음을 확인하
고 넘어간다. 앞서 살폈듯, 『곽장양문록』 필사에 왕실 여성이 대거
참여한다. 만약 왕과 비빈 등 왕실의 이목을 사로잡는 작품을 쓴다
면 응당 명성이 뒷따랐을 터다.

『곽장양문록』도 그렇지만, 낙선재본 대장편소설은 연작으로 존

그림 31

『손천사영이록』 권1,
한국학중앙연구원 장서각 소장

이 작품은 『소현성록』 속 손기를
주인공으로 내세웠다. 손기는 도
술을 익혀 요얼을 물리친 다음
호국천사護國天師에 봉작된다.

재하는 사례가 많다. 『보은기우록』과 『명행정의록』, 『명주보월빙』
과 『윤하정삼문취록』은 전작과 후작 관계이다. 전편 『보은기우록』
이 18책, 후편 『명행정의록』이 70책, 전편 『명주보월빙』이 100책,
『윤하정삼문취록』이 105책에 달한다. 왕실 소설 가운데 대장편소
설은 대개 이처럼 방대한 분량의 연작으로 구성된다. 이러한 연작
형 대장편소설은 거질 분량인 만큼 제작(혹은 구입) 비용이 상당했
을 것이고, 읽는 데도 긴 시간이 필요하다. 왕실의 컬렉션으로서 왕
실 소설 가운데 연작형 대장편소설은 이를 향유하던 왕실의 부와
여유를 그대로 보여준다.

　왕실 소설 가운데 연작과 비슷하면서 다른 파생작도 있다. 파생
작은 본편의 인물을 새롭게 해석하거나 완료된 이야기 가운데 미처

다하지 못한 것을 별도 작품으로 전개한다. 왕실 소설 가운데『영이록』과『한조삼성기봉』이 파생작에 해당한다.『영이록』은『소현성록』에서 소운성의 동서로 잠깐 언급되는 손기를 주인공으로 내세운다.『영이록』에서 손기는 소운성에게 멸시를 받다가 가출해 도사를 만나고 비범한 능력을 갖춘 채 귀환해 요얼을 물리친다. 이 작품은 제단을 설치하고 제의를 통해 요얼을 물리치는 내용이 박진감 있게 전개된다.『영이록』은 유교 논리로 전개되던『소현성록』에 없는 도교적 세계상과 도사의 활약상을 맛볼 수 있는 작품이다.

『한조삼성기봉』은『옥환기봉』의 파생작이다.『한조삼성기봉』은『옥환기봉』에 등장했던 후한 광무제, 곽후, 음후가 성별을 바꿔 환생하는 내용이다. 곽후는 옥황상제에게 진세의 원한을 풀길 바라고 이 소원을 말미암아 당나라 왕자로 태어난다. 광무제는 조씨로 태어난다. 이처럼『한조삼성기봉』은『옥환기봉』에서 파생되어 전혀 새로운 서사를 전개하며, 동시에『옥환기봉』인물에 대한 색다른 이해를 도모한다.

왕실 소설 가운데 번역 소설이 많은 것은 앞서 거듭 언급했던 부분이다. 그런데 번역 소설 가운데 우리 소설의 번역 소설도 존재한다. 중국 소설이 아닌 우리 한문 소설을 국문으로 번역한 작품이다. 낙선재에 수장되었던 왕실 소설 가운데『청백운』과『태원지』가 있다. 두 작품 모두 우리 한문 소설의 번역본이다.『청백운』한문본은 국립중앙도서관에 소장되어 있고『태원지』한문본은 개인 소장이다. 우리 한문 소설의 번역본은 국문 소설에 대한 왕실 여성의 수요에 조응해 왕실과 궁궐로 유입되었을 것이다.

# 왕실 소설의 기능과 역할

## 재미와 앎의 조합

소설책은 복합적인 물건이다. 경전經書과 성서聖書가 전적으로 앎의 내면화에 초점을 맞춰 이른바 '지혜'를 담았다면, 소설책은 다르다. 소설책은 재미와 지식, 지혜를 한데 버무린다. 그래서 독자가 소설책에서 얻어가는 것은 각양각색일 수밖에 없다. 특히, 재미는 소설책과 경전을 가르는 주요한 지표에 해당한다. 의무로 읽는 경전經典은 재미있을 필요가 없으나, 소설은 그렇지 않다. 독자를 사로잡지 못한 소설책은 도태되어 사라지기 마련이다.

하지만 재미가 다가 아니다. 재미와 함께 진중한 문제의식도 갖춰야 한다. 재미란 익숙해지기 마련이다. 익숙해지면, 자극은 전과 달리 옅어진다. 이러한 수순을 밟는 소설책은 종국에 하로동선夏爐冬扇의 취급을 받는다. 시대에 어울리지 않는 쓸모없는 서적이 되는 셈이다.

사도세자는 『중국소설회모본』을 제작하며, 소설책이 지닌 복합적 성격을 유념한다. 그는 책의 「서」와 「소서」에 다음과 같이 기술한다.

이 한 권에 역대가 모두 갖춰져 있으니 봄날 겨울밤 병을 치료하고 고적함을 치유하고 소일하는 데 일조가 되리라.

그중 귀감이 되고 경계될 만한 것과 웃음을 줄 수 있고 사랑스러운 것을 뽑아 책을 만들어 화원인 주부 김덕성 등 약간 명으로 하여금 회모하여 책을 만들었다. 책을 펼치면 역대 사적이 일목요연하다. 서문을 써서 책머리에 싣고 발문을 지어 말미에 덧붙였다. 후손에게 전하니 아무렇게나 보지 말지어다.[71]

사도세자가 위의 「서」와 「소서」를 쓴 날짜는 모두 임오년 윤 오월 초구일, 장소는 장춘각이다. 윤 오월 십삼일에 뒤주에 갇히는 임오화변이 일어난다. 위 글은 뒤주에 갇히기 나흘 전에 쓴 것이다. 부왕인 영조와의 갈등이 극한으로 치닫던 때 사도세자는 『중국소설회모본』을 성책成冊한다.

사도세자는 소설 장면을 형상한 화보집畫報集이 봄날, 겨울밤 병을 치료하고, 고적함을 치유한다고 토로한다. 이러한 치료 효과는 회화 자체가 아닌, 담긴 내용 곧 소설의 장면이 유발한다. 사도세자는 책을 펼치고 해당 소설을 상기함으로써 겨울밤의 병을 치료하고 고적함을 치유한 것이다.

화창한 봄날, 춥고 긴 겨울밤은 고독감과 우울감을 배가한다. 쌍쌍이 나는 나비와 맑은 날씨는 화창하지 못한 심정을 부조浮彫한다. 맑고 따뜻한 세상에 홀로 음울한 한 점이 되었으므로, 우울감은 도드라질 수밖에 없다. 이러한 때에 소설은 사도세자의 말처럼 독자의 심정을 위안하는 훌륭한 약제가 될 수 있다. 소설에 빠져들어 잠시라도 우울한 자신과 소란한 세상을 모두 잊을 수 있기 때문이다. 사도세자는 방금 말한 소설의 효용을 언급하며,『중국소설회모본』을 제작한 이유를 갈음한다.

사도세자는「소서」에서 귀감이 되고 경계될 만한 것 역시 선별하여 화원에게 그리도록 했다고 말한다. 또 이 책을 펼치면 역대 사적이 일목요연하다고도 말한다. 귀감과 경계는 소설에 담긴 '교훈', 역대 사적 운운한 것은 '교양'에 해당한다. 사도세자는 소설책의 재미가 시름하는 나와 이를 자극하는 세상을 망각하게 만들어 심적 안정제 구실을 하며, 동시에 지식도 전달하여 준다고 말한다. 역사소설에 몰입하면 배경이 되었던 시대에 살다가 온 셈이니, 역사를 몸소 체험한 것과 마찬가지겠다.

사도세자가 지적했듯, 재밌기 때문에, 또 배울 것이 있기 때문에 왕실은 소설을 향유한다. 그런데 여기서 '배울 것'은 역대 사적뿐만 아니라 '관점'도 포함된다. 소설책에서 '배울 것'은 귀감으로 삼겠다

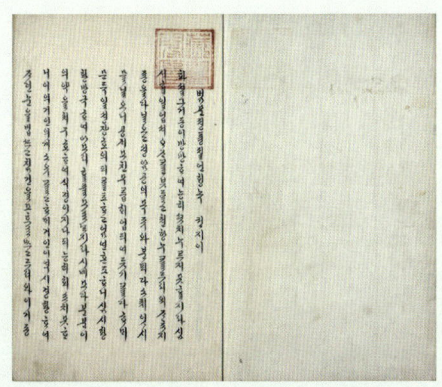

그림 32
『범문정충절언행록』 권2,
한국학중앙연구원 장서각 소장

혹은 경계할 거리로 삼겠다에서 그치는 게 아니다. 소설은 귀감과
경계가 대립하며 이야기를 펼치기 때문이다.

　어떤 작품도 귀감이 될 인물만으로 이야기를 전개할 수는 없다.
귀감이 될 인물이 있으면, 경계가 될 인물도 있다. 독자는 물과 기
름 같은 두 인물형이 급박하게 대립하고 갈등하는 이야기를 통해
새로운 관점을 얻게 된다. 귀감이 될 인물이 고난을 겪는 세상도 있
으며, 경계로 삼을 인물이 득세하는 세상도 있다는 '관점', 이러한
부조리가 오히려 현실에 더 명백하다는 '비판적 관점' 역시 소설책
의 마지막 장을 덮으며 얻을 수 있다.

　왕실 소설의 몇몇 작품은 이처럼 왕실 구성원에게 새로운 관점
을 제시한다. 예컨대, 『범문정충절언행록』은 31책에 달하는 대장

편소설이며, 주인공은 송나라 명신 범중엄과 그 아들들이다. 신법당과 구법당의 대립이 작중 배경으로 설정되어 있어, 『범문정충절언행록』을 완독하면 송나라 역사에 관한 지식을 많이 얻는다. 또 중간중간 재밌는 장면도 꽤 많다. 범중엄이 면신례를 치르는 장면이나, 범순인이 남만에서 요괴를 물리치는 장면은 그 자체로도 퍽 흥미롭다.

범중엄은 과거에 급제한 뒤 면신례를 치른다. 선배들은 범중엄을 몹시 희롱한다. 장면을 살피고 논의를 이어간다.

> 방석을 옮겨 놓은 다음 좌우에 명하여 장원급제한 범중엄을 밀쳐 내려오도록 했다. 백단으로 희롱하며 선배가 시키는 바를 공손하게 받들지 않는다면 꾸짖었다.
> "(중략) 과거에 급제하면 추려고 미리 춤을 익혀둔 사람이 어디 있겠는가? 태평성대에 일없는 벼슬아치와 재상이 장난삼아 보채는 것은 일시 웃음거리를 보며 즐기자는 데 뜻이 있다. 어찌 그대의 궁상을 배워 밤낮 미간을 찌푸리며 시름으로 읍소하겠는가! (중략)"[72]

장원급제한 범중엄은 선배들에게 몹시 놀림을 받는다. 평생 책만 읽은 범중엄이니 춤을 출 줄 몰랐고, 알더라도 만인 앞에서 우스꽝스러운 몸짓을 하는 것은 선비의 행실이 아니다. 범중엄은 읍소하나 선배들은 아랑곳하지 않는다. 난처해하는 범중엄과 희롱을 그치지 않는 선배들이 어우러져 소란한 해학이 묻어난다.

이후 범중엄은 나라에 혁혁한 공을 세운다. 고난이 없지 않았으나 범중엄은 모두 극복하고 출장입상하는 삶 속에서 태평성대를 이뤄낸다. 크게 문제 될 것이 없어 보이나 책장을 덮고 나면 조선의 부조리가 드러난다.

중국과 달리 조선에서 범중엄은 문제적 인물이다. 범중엄은 개가녀의 자손이다. 조선에서 개가녀의 아들은 능력이 있어도 환로에 나갈 수 없다. 만약 범중엄과 같은 인재가 조선에서 태어났다면, 그는 출장입상하는 삶을 살 수 없다. 유학의 종주국인 중국에서조차 개가녀의 자식이라는 사실을 문제 삼지 않는데, 인재가 턱없이 부족한 동방 소국에서 이런저런 이유로 인재 등용을 막고 있는 셈이다. 『범문정충절언행록』을 읽고 범중엄의 출장입상하는 작중 행적과 개가녀의 아들이라는 사실 인지하고 나면, 전과 다른 눈으로 조선을 바라보게 된다.

『태원지』와 같은 작품도 있다(그림 3 참조). 『태원지』의 주인공은 한족漢族 임성과 그를 추종하는 호걸들이다. 임성과 호걸은 합심

하여 오랑캐 원元을 몰아내려 하지만 쉽지 않다. 싸워보지도 못하고 중원을 탈출하여 망망대해를 표류한다. 여러 요괴를 물리치며 당도한 곳은 대륙 태원. 그런데 이곳 사람은 중원을 모른다. 임성이 전쟁을 일으켰기 때문에, 태원 사람들은 임성 무리를 두고 해적이라고 일컫는다. 오랑캐를 물리치려고 했던 이가 바다를 건너가 이방에서 온 오랑캐 취급을 받은 셈이다. 『태원지』는 이러한 내용을 통해 전통적인 화이관에 균열을 초래한다. 또 입장의 역전을 통해 화이구분을 탈피한다. 『태원지』에 몰입하고 나면, 진실이라고 굳게 믿었던 이른바 중화주의가 시대에 어울리지 않아 보인다. 새로운 세계에 몰입한 뒤 나타난 인식의 변화는 피할 수도, 되돌릴 수도 없는 귀결처라고 하겠다.

이제껏 왕실에서 소설을 읽은 이유를 살폈다. 사도세자가 언급했듯 재미와 위안, 앎 등 읽는 이유는 복합적이었다. 아울러 새로운 관점의 도출이라는 측면에서 왕실이 소설을 향유한 이유를 살폈다. 왕실 소설은 재밌을 뿐만 아니라, 진중한 문제의식을 갖췄다. 왕실 소설이 저마다 지녔던 진중한 문제의식은 왕실 성원成員에게 낡은 관점을 버리거나 보수하도록 자극했다.

## 교양과 안목의 증진

왕실 소설의 주류는 대장편소설이다. 대장편소설은 특정 시대를 배경으로 삼아 역사적 인물을 대거 등장시켜 서사를 추동한다. 앞서 살폈던 『범문정충절언행록』과 같은 작품을 예로 들 수 있다. 이러한 작품은 서사 자체로 역대 사적을 보여준다. 이처럼 역대 사적을 알아가는 것 역시 왕실에서 소설을 읽는 주요한 이유 가운데 하나다. 『범문정충절언행록』은 물론이고, 『구래공정충직절기』는 내국공 구준, 『문장풍류삼대록』은 소순蘇洵, 소식蘇軾, 소철蘇轍 삼부자를 중심으로 이야기를 전개한다. 주원장, 유기 등이 나오는 『남계연담』도 마찬가지다. 역사 인물을 내세운 작품은 역사 지식의 전달이라는 분명한 기능이 있다.

이와 함께, 왕실 소설은 긍정적 인물의 행동을 섬세하게 형상해 교양 있는 행동을 유도하는 기능도 있다. 이는 지식이 아닌 행동에 품위를 부여하는 것으로 교양으로 묶지만, 지식과는 분명히 변별된다. 여기서 교양은 지식이라기보다는 수신하는 태도로 볼 수 있다. 왕실 소설은 품위 있고 기품 있는 여성이 무척 많이 등장한다. 이들의 예의 바르며 기품이 있는 행동은 독자에게 일종의 모델이 된다. 『삼국지연의』를 읽고 관우의 태도를 지향하는 것처럼, 왕실 소설 가운데 대장편소설은 기품 있는 여성을 전범典範으로 제시해, 독자

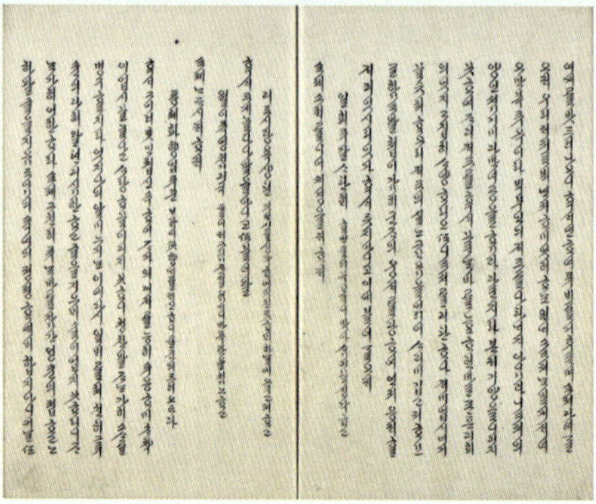

그림 33

『명행정의록』권7,
한국학중앙연구원 장서각 소장

『명행정의록』은 『보은기우록』의
후속작이다. 이 작품은 170여 수
의 한시를 등장인물의 소작인 양
보여준다.

의 교양 있는 행동을 함양한다. 선행 연구[73]는 이를 소설의 '수신서
적修身書的 면모'라고 일컫는다.

왕실 소설 가운데 복합적 성격의 작품도 있다. 『명행정의록』과
같은 작품을 꼽을 수 있다. 이 작품은 『보은기우록』의 후속편이지
만, 서술 기법상에서 큰 진전을 보인다. 바로, 한시를 삽입문예문으
로 활용한 서술 기법이다. 『명행정의록』은 170여 수에 달하는 한시
를 작중 인물의 소작所作인 양 제시해 장면을 형상한다.

여겨볼 것은 『명행정의록』 속 한시의 출처다. 『명행정의록』 속
한시는 『명시종明詩綜』 등 거질 시선집은 물론이고, 명말청초 시단
의 거목인 목재 전겸익의 작품이 주류를 이룬다. 이러한 출처를 통
해 수준 높은 명편을 엄선하여 수록했음을 알 수 있다. 이제 살필

장면 속 한시의 출처는 『산당사고』 권108이다. 작품 내에서 서로 즉흥적으로 시구를 주고받는 것처럼 나오나, 출처가 있는 한시이다. 출처나 원작자와 상관없이 작중 등장인물의 소작으로 제시되는 까닭에 한시와 작가에 관한 지식은 얻을 수 없다. 다시 말해서 『명행정의록』은 한시에 관한 정확한 지식을 전달하는 데 목적이 있지 않다. 『명행정의록』은 한시를 읽고 내용을 파악할 수 있을 정도의 교양 지식과 일상에서의 한시의 효용을 제시하는 데 그친다. 여겨 볼 것은 이러한 교양을 함양하는 대상이 여성이라는 살이다.

소소저는 재주를 숨길 줄 몰랐으며 오히려 남편이 알아주지 않을까 봐 한탄했다. 이러했으니 이 좋은 기회를 어찌 마다하겠는가!
소소저가 말했다.
"첩에게 감히 군자의 웅대한 뜻이 담긴 시구를 연구로 지어 응대할 재주가 있겠습니까?"
학사가 듣지 않고 시구를 읊었다.
"일회주갈사탄해. 한 번 술의 목마르니 받아 삼킴을 생각하고."
소소저가 이어서 가는 목소리로 읊었다.

"기도시광욕상천. 몇 번 시를 생각하여 미친 듯함이 하늘에 오르고자 하고."

학사는 매우 놀랐으나, 내색하지 않은 채 이어 읊었다.

"월이죽영침기국. 달이 대 그림자를 옮기니 바둑판을 침노하고."

소소저가 나는 듯이 응답했다.

"풍체화양입주준. 바람이 꽃향내를 대신하니 술잔에 들어오도다."

학사가 소소저의 민첩신속함과 자신을 상대하여 능히 시구로 화답하면서도 착오가 없는 것에 매우 놀랐다. 학사가 소소저를 사랑하는 마음을 이기지 못해 칭찬했다.[74]


작중 소예주는 이월혜를 음해하는 악역이다. 그는 총부家婦 위位를 탐내는 욕심 많은 인물에 그치지 않는다. 그는 총명한 여성으로 등장한다. 위 장면에서 소예주는 문학적 재능을 남편 위천보가 알아주길 내심 바라고 있다. "첩이 감히 군주의 웅지를 당하여 연귀응디홀 지조 잇시리잇가"라는 말은 여성의 시작詩作을 지양하던 예법에 따른 겸사이다. 남편이 시를 읊자, 소예주는 즉시 응대한다.

위 장면에서 여겨볼 것은 위천보와 소예주가 시로써 돈독해지는 지점이다. 여성이 시를 짓는 것은 예의에 어긋나는 지점이 있다. 이는 대장편소설의 효시인 『소현성록』에서 발원하는 수신서적修身書的 성격이 『명행정의록』까지 이어진 결과다. 그렇지만 비례면서도 부부 사이 수창은 그 효용이 분명하다. 위천보는 소예주의 시를 읽고 "사랑함을 이기지" 못한다. 위천보와 소예주는 한시를 매개해 부부 사이 애정을 쌓아간다. 소예주는 재능을 드러내고 애정을 돈독히 하는 데 한시를 적극 활용한다. 따라서 위 장면은 소예주가 지닌 부덕婦德이 이월혜에 미치지 못한다는 점을 드러내면서, 감정교류 측면에서 한시가 품위 있는 수단이 된다는 사실 역시 보여준다.

『명행정의록』에서 숙녀라 할지라도 시를 짓는 상황이 있다. 바로, 부모를 기쁘게 할 때이다. 작중 백승설은 아버지 백양의 명을 받들어 시를 쓰다가 남편 위연청을 보고 붓을 거둔다. 백승설은 효의 일환으로 시를 쓴 것이다. 여성이 시를 쓰는 것은 전통적 여성관에 어울리지 않는 행동이지만, 부모를 위해서 '감내'했다고 볼 수 있다. 노래자가 나이에 맞지 않는 색동옷을 입고 춤췄듯, 『명행정의록』에서 한시는 자식이 부모를 즐겁게 할 수 있는 '소기小技'로 형상된다. 다만, 소기일지라도 조탁한 시어를 통해 체통과 품위를 유지하며 부모를 기쁘게 할 수 있는 게 한시이다.

결론적으로 『명행정의록』은 한시에 관한 교양을 함양하는 기능

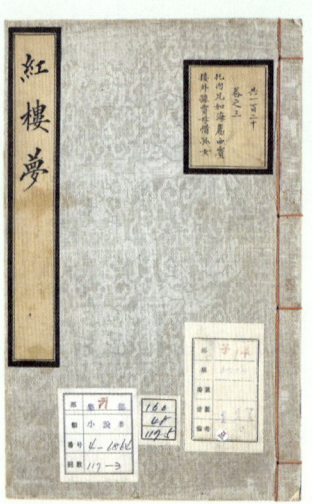

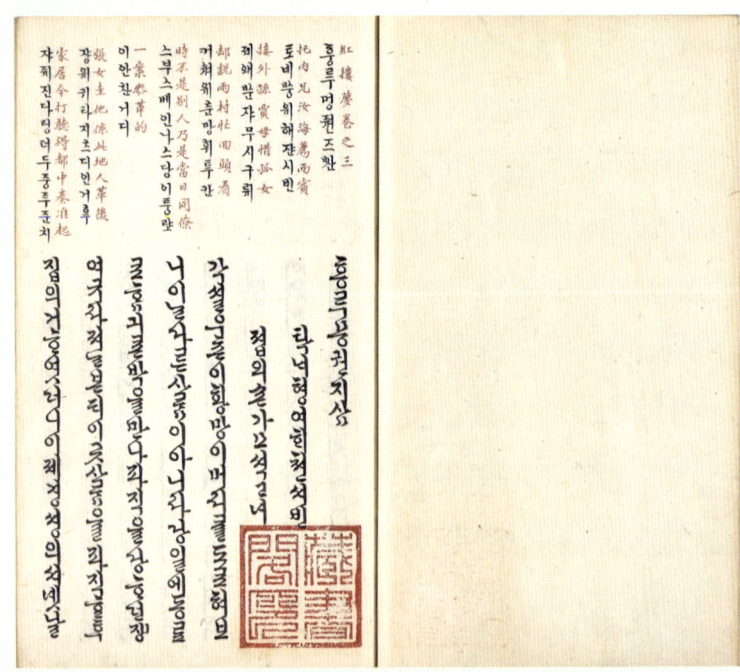

이 있다. 장면에 어울리는 한시를 170여 수 넘게 숙독하고 나면, 한시에 관한 안목이 성장할 일은 명약관화明若觀火할 터다. 이 맥락에서『명행정의록』속 한시의 출전을 이해할 필요가 있다. 작품 속 삽입 한시는 출전이 있는 경우가 많았다. 이를 등장인물의 소작으로 제시하므로,『명행정의록』은 시사詩史를 전달하는 기능은 부재했다. 그 대신 어울리는 장면, 이야기 속에서 한시를 제시함으로써 명편의 내용을 더 깊이 이해할 안목을 함양했다. 동시에 한시를 교양 있게 활용하는 다양한 상황을 제시했다. 다른 학습서를 보충한다면, 한시를 창작하는 경지까지 나아갈 수 있을 것이다. 이처럼 역사 지식의 전달과는 별도로, 품위 있는 생활을 위한 교양의 함양 역시 왕실 소설의 주요 기능이었다.

마지막으로『홍루몽』을 살피고 왕실 소설의 기능과 역할을 정리하겠다.『홍루몽』은 중국 소설의 백미로 꼽히는 작품이다. 낙선재본『홍루몽』은 외국어 학습에 특화된 독특한 면모를 지니고 있다. 이 작품은 원문과 발음을 상단에 적고 번역문을 하단에 배치해 원문을 읽고 해당 문장의 의미를 이해하도록 배려한다.

발음은 한글로 표기했으며, 위쪽 모음부터 아래쪽으로 읽으면 된다. 예를 들어 '딴'는 따에 이어서 'ㅗ'를 발음하면 된다. 나눠 읽으면 '따오'가 되는 셈인데, 한 글자라고 생각하고 읽으면 중국어 'dao'

와 매우 유사하게 들린다. 'ao' 발음을 'ㅗ'로 표기한 것이다. 비슷한 글자인 '뚸'는 어떨까? '또'에 이어서 'ㅏ'를 발음하면 된다. 권수제의 표기는 '훙루멍쮠즈쫜'이다. 권수제를 소리 내어 읽으면 '훙르우멍 쥬언즈쫜' 정도가 된다. 紅樓夢의 병음표기 Hónglóumèng과 한글 음 표기 '훙루멍'은 같을 만큼 비슷하다.

『홍루몽』은 이처럼 한글의 특성을 잘 활용해, 외국어 학습서의 기능을 갖추고 있다. 『홍루몽』은 이야기 자체가 무척 흥미로우며, 그 분량이 상당하다. 낙선재본『홍루몽』은 117책에 달한다. 117책에 달하는 중국어 교재를 독파한다면, 중국어 실력이 모르긴 몰라도 비약할 것이다. 117책에 달하는 중국어 교재가 탄생할 수 있었던 근저에는 귀족의 생활은 물론, 온갖 군상이 나타나는 소설『홍루몽』의 매력이 자리한다.

이제껏 살폈듯 왕실의 소설 독서는 궁궐이라는 닫힌 공간 속 고급한 여가였다. 왕실 소설은 품격 있는 외형 속에 교육적이면서도 유흥적인 복합적 면모를 담아냈다. 소설의 매력은 이 복합적 면모에 있었다. 조선 왕실이 시름겨운 날에는 그날대로, 지루한 날에는 또 그날대로 소설에 매료되어 궁궐의 나날을 보냈던 이유겠다.

**4**

왕실 소설의
문화사적 의의

이제껏 왕실의 생활사 가운데 소설 향유 문화를 살펴봤다. 왕실은 소설을 즐겼고 궁궐에 각양각색의 작품을 축적했다. 이들 작품은 낙선재 문고로 성립되었고 1966년 세간에 빛을 봤다. 왕실 소설은 다음과 같은 문화사적 의의가 있다.

먼저, 왕실 소설은 조선 서사문학의 정수이다. 모든 물품이 그렇듯 왕실은 최상의 예술적 성취를 보이는 물품을 향유했으며, 문학 작품도 예외는 아니었다. 왕실이 소설을 즐기고 좋은 작품을 궁궐에 수장하는 것은 창작의 불쏘시개가 되었다. 180책에 달하는, 전에 없던 『완월회맹연』과 같은 대장편소설은 왕실의 독서물로서 명성을 얻고자 창작되어 궁으로 흘려보내졌다. 왕실의 소설은 서사물의 정점으로 인식되었으며, 왕실의 최고급 취향을 만족시키기 위해 서사와 서술 기법은 더욱 가다듬어졌다. 따라서 왕실의 소설은 일상의 완호물에 그치지 않고 조선의 서사문학이 비약하는 중요한 계기를 만들었다.

다음으로 조선적인 것의 창출을 들 수 있다. 왕실은 최신 중국 소설을 가장 먼저 접할 수 있는 곳이었다. 다양한 중국 소설이 왕실로 들어와 번역되었다. 하지만, 중국인과 조선인의 미의식은 다른 곳이 있었고, 이를 말미암아 중국 소설은 조선 왕실을 완전히 만족시킬 수 없었다. 중국 소설과 다른 내용이 요구되었고, 왕실의 품위에 걸맞은 국문 표현 역시 절실했다. 중국 소설은 왕실 소설의 성립을 촉진했고, 왕실 소설은 중국적 이야기에서 탈피해 조선인을 감동시킬 만한 내용을 구비한 작품으로 채워졌다. 왕실에서 우리 소설을 애독하면서 조선의 소설 황금기가 도래했다.

또 왕실 소설은 국문 문장의 성장을 촉진했다. 왕실에서 국문 소설을 청취해 즐기면서 경전 번역투나 언해본 어투에서 벗어난, 듣고 즐길 만한 유려한 국문 문장 표현이 중시되었다. 다시 말해서, 껄끄럽지 않고 매끄럽게 이어지면서도 낭송에 용이한 운율감을 갖춘 유려한 국문 문장으로의 성장은 이러한 미감을 요구했던 왕실의 고급한 취향 덕분이었다. 조선 최고위층인 왕실은 중국 소설의 번역과 우리 소설의 창작에 최고로 아름다운 국문을 요구했고 그 성취가 바로 왕실 소설이라고 하겠다.

왕실 소설은 한글 서예의 보고寶庫 역할을 했다. 다양한 궁체가 만들어졌으며, 가독성과 미적 완성도를 고루 갖춘 서체가 활용되었다. 왕비나 공주의 손에 들렸던 독서물이었으므로, 왕실 소설은 아름다운 필체로 필사되었다. 흘려 쓴 듯 보이지만 오와 열을 맞추고 있으며, 'ㅅ' 등을 길게 써 멋을 부렸다. 조선 최고위층인 왕실의 권

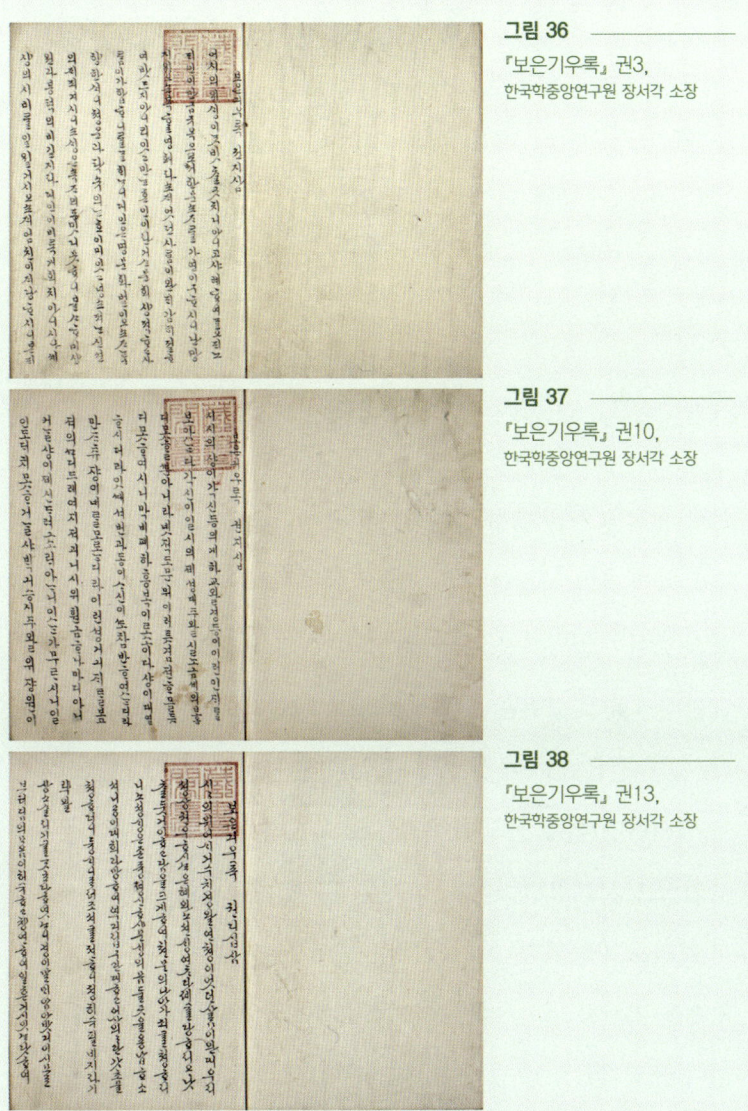

궁체로 묶이지만 권3, 권10, 권13의 필체는 저마다 아름답다. 왕실의 안목을 만족시키기
위한 노력은 한글 서예미의 발전을 추동하는 주인主因 가운데 하나였다.

그림 39

『양문충의록』권41,
한국학중앙연구원 장서각 소장

세재歲在 기묘己卯 십월十月 망일望日의
옥룡처사 서書

왕실의 소설 애호 덕분에 대장편소설
은 막대한 제작 비용에도 불구하고
끊임없이 필사될 수 있었다.

위와 품위는 그에 걸맞은 필체를 요구했고, 왕실 소설은 이러한 요구에 부응하며 아름답기 그지없는 한글 서예를 발전시켰다. 만약 왕실 소설이 없었다면, 한글 서예의 미적 발전은 더뎠을 것이다.

왕실의 소설 탐독은 거질 작품의 보존과 전수를 가능하게 만들었다. 앞서 언급했듯, 왕실 소설의 주류는 대장편소설이다. 낙선재본을 제외하면, 완질을 갖춘 사례는 많지 않다. 왕실은 풍부한 재력을 갖췄으므로, 대장편소설의 필사본 제작이 가능했으며, 별도 서고에서 보관도 가능했다. 이러한 여건을 토대로 왕실 소설은 연경당 선향재를 거쳐서 낙선재에 수장되었고 이 과정에서 새로운 대장편소설이 유입되었으며 필사 복본도 생성되었다. 왕실의 소설 탐독은 궁중 생활의 여가였으나, 이를 말미암아 우리 서사문학의 정점에

섰던 다양한 대장편소설이 왕실 소설이라는 이름 아래 보존될 수 있었다. 소설에 매혹된 왕실의 나날 덕분에 상당수의 대장편소설이 완질로, 낙질이라도 한두 권만 빠진 상태로 현대에 이른 셈이겠다. 왕실이 소설에 매혹되지 않았다면, 조선시대 소설가들이 이뤘던 문학적 성취의 진면목을 오늘날과 같이 목도할 수 없었을 것이다.

1970년 9월 상완, 한 할머니가 가는 붓의 끝을 뾰족하게 모으며 정신을 가다듬었다. 80세를 넘긴 터라 기력은 예전 같지 않았다. 하지만 붓을 들었을 때 눈빛은 나이를 무색하게 했다. 그는 막힘없이 '서기 일천구백칠십 년 경술 중추 상완 사후당 윤백영 팔십삼 세 해제'라 쓰고 붓을 떼었다. 이제 막 창경원昌慶苑 장서각藏書閣 소장 『범문정충절언행록』 해제를 마친 참이었다. 그는 한지 위 이름이 음각된 인영印影 아래 호를 돋을새김한 인장을 지그시 눌렀다. 인장을 들자, 오래된 한지 위로 고풍스러운 붉은색이 돋아났다. 그는 음각의 尹伯榮印[윤백영인]과 양각의 師候堂[사후당]을 바라봤다.

사후당師候堂은 아버지 윤용구가 준 호였다. 윤백영은 시집가기 전 사후당이라는 호를 받았다.[75] 윤용구는 시집가는 딸에게 후부인候夫人을 스승으로 삼아 살아가라는 뜻으로, 스승으로 삼을 '사師'를 넣어 '사후당'이라는 호를 지어 주었다. 후부인은 송나라 여성으로, 정호程顥·정이程頤 형제를 대학자로 길렀다. 또 윤용구는 주나라 문왕의 어머니 태임太任을 정신적 스승으로 삼아, 율곡 이이를 대학자로 키웠던 사임당師任堂 신부인申夫人을 본받으라는 바람도 담았다.

'사후당'은 아들을 대학자로 키웠던 후부인과 신부인처럼 딸 윤백영이 훌륭한 어머니이자, 위인으로 존경받길 바라던 아버지의 바람을 담은 호였다.

붓과 인장을 정리하는 윤백영의 머릿속에 『범문정충절언행록』 30책 내용이 파노라마처럼 펼쳐졌다. 윤백영은 80세를 넘겼지만, 왕실 소설이 갈무리된 창경원 장서각을 꾸준히 드나들며 전아한 필체로 쓰인 옛한글 소설을 열람했다. 『범문정충절언행록』 역시 윤백영이 장서각에서 읽은 숱한 왕실 소설 가운데 하나였다. 조선시대 윤백영은 옛한글 소설에 해박하여 명성이 궁궐에 이를 정도였고 현시대 왕실의 소설을 통독한 유일무이한 인물로 꼽혔다.

장서각장은 『범문정충절언행록』 31책이 다른 옛한글 소설과 달리, 송나라 명신 범중엄의 일대기를 소설화했다며 그 가치가 높다고 평가했다. 다만, 유실된 제1권을 백방으로 찾아도 끝내 찾지 못해 아깝다고 했다. 완질로 만들고 싶다는 장서각장의 말을 들은 윤백영은 송나라 역사책과 제2권-제31권까지 이야기를 참조해 제1권을 재구했다. 지지난해 시작한 재구 작업은 해를 넘겨 지난해 말에

끝나,『범문정충절언행록』권1을 장서각에 전달했다. 올해부터 윤백영은 장서각 소장 왕실 소설을 힘닿는 데까지 해제할 계획이었다. 해제할 첫 작품으로『범문정충절언행록』을 고른 이유는 지난해 제1권을 재구하며 반복해 읽은 경험 때문이었다.

**그림 40**

『범문정충절언행록』권1, 한국학중앙연구원 장서각 소장

『범문정충절언행록』은 본래 31권 31책이나, 권1이 유실된 채 30권 30책만 전해졌다. 장서각장이 이를 매우 안타까워하자 윤백영이 권1을 재구했다.

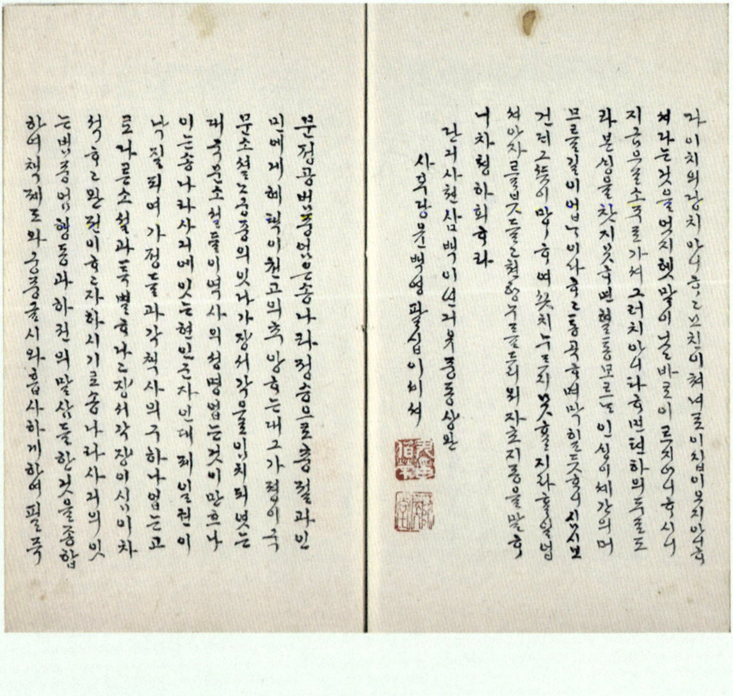

윤백영은 이전에도 장서각 소장 고서의 훼손된 장이나, 유실된 책을 재구했다. 대학생이 훼손한 『재생연전』 제34권의 한 장을 앞뒤 이야기를 읽고 복원했다. 이때 윤백영은 한 장을 복원하기 위해 52책을 통독했다. 또 아버지 윤용구가 고종의 명을 받아 쓴 『정사기람』 80책 가운데 유실된 제19권의 역사책을 토대로 재구했다. 장서각장은 저간 사정을 알고 윤백영에게 『범문정충절언행록』의 특별함을 토로했을 터였다.

인주는 금세 말랐다. 윤백영은 해제 종이를 조심히 접으며 『범문정충절언행록』을 봤을지 모를 할머니를 떠올렸다. 가물가물 떠오른 할머니는 열여섯 앳된 모습이었다. 여든세 살 손녀의 열여섯 살 할머니는 군부독재, 한국전쟁, 해방, 일제강점기, 동학농민운동, 대한제국을 거쳐 조선 말기까지 거슬러 올라야 어렴풋이 현현했다.

윤백영은 할머니를 보지 못했다. 하지만 할머니가 남긴 유산 속에서 자랐다. 윤백영은 고종을 친견할 때 할머니가 남긴 당의唐衣를 줄여 입었고, 줄곧 할머니가 남긴 왕실 소설에 둘러싸여 살았다. 할머니와 손녀는 만나지 못했지만, 할머니가 남긴 옷을 입고 손때 묻은 책을 읽으며 자랐으니, 윤백영은 할머니의 품에서 자란 셈이었다.

윤백영은 막 시집와 모든 게 낯선 열여섯 살 할머니를 떠올렸다. 1837년 덕온공주는 성대한 혼례를 치르며 윤의선尹宜善(?~1887)에게 시집갔다. 순원왕후純元王后는 시집가는 딸 덕온공주를 위해 200여 종에 달하는 혼수를 마련했다. 45절로 접힌 덕온공주의 혼수 발기는 다 폈을 때 5.4m에 달했다. 효명세자孝明世子를 잃고 명온공주明溫公主와 복온공주福溫公主마저 떠나보낸 순원왕후였으니, 덕온공주를 생각하는 마음은 더욱 애틋할 수밖에 없었다. 순원왕후는 장신구에서 종이와 붓까지 사소한 물건도 놓치지 않고 발기에 넣었다.

또 순원왕후는 하가하는 덕온공주를 위해 한글 서책도 많이 마련했다. 발기에 쓰지 않았으나, 궁중에만 있는 진귀한 소설을 아낌없이 주었다. 당시 궁궐에 다양한 소설이 있었고 평소 덕온공주가 이를 퍽 즐겼을 터였다. 또 소설 탐독열이 가시지 않던 시대이니, 소설은 시댁 어른도 좋아할 혼수였다.

순원왕후가 행복을 빌며 혼수를 마련한 지 7년, 덕온공주는 세상을 떠난다. 슬하에 자식이 없었던 윤의선은 형 윤회선의 차자次子 윤용구를 양자로 삼는다. 윤백영은 아버지 윤용구에게 한학漢學을 수학하며, 할머니가 남긴 왕실 소설을 열독했다. 윤백영이 15세가 되던 1902년 무렵, 소설에 해박하다는 소문은 구중궁궐의 높다란 담장을 넘었다. 왕실 여성들의 요청을 받은 윤백영은 좋은 작품을 골라 들고 입궐했다. 덕온공주와 함께 궁궐 밖으로 나왔던 왕실 소설이 65년 만에 친정 나들이하던 때였다.

## ⬖ 주석

### 1. 왕실 소설을 찾아서

1　최정협, 「『여자의 일생－生』 뒤돌아보니 궁중宮中 풍습과 고서古書와 80년」, 『주간 여성』 212, 한국일보사, 1973.

2　「통독자 윤백영 여사가 말하는－그 내력과 일화들 | 낙선재 문고와 더불어 반세기」, 『중앙일보』, 1966. 8. 25.

3　위의 기사.

4　「국문학에 획기적 새 자료 | 창경원 장서각서 83종 발견」, 『중앙일보』, 1966. 8. 22. 1면. 머리기사.

5　「낙선재 문고 | 큰사전에도 없는 어휘들 | 우아하고 부드러운 문체&어학적인 자료로도 | 주제는 대개가 권선징악적인 것 | 중국 소설 가려내는 게 난점」, 『중앙일보』, 1966. 8. 27.

6　이병기, 『일기』 V, 가람 이병기 전집 10, 전북대학교출판부, 2001.

7　이병기, 「조선어문학명저해제朝鮮語文學名著解題」, 『문장』 2(8), 문장사, 1940.

8　이병기, 위의 논문; 이병기·백철 공저, 『국문학전사』, 시구문화사, 1957.

9　「낙선재 문고 | 큰사전에도 없는 어휘들 | 우아하고 부드러운 문체&어학적인 자료로도 | 주제는 대개가 권선징악적인 것 | 중국 소설 가려내는 게 난점」, 『중앙일보』, 1966. 8. 27.

10　임형택, 「17세기 규방소설의 성립과 창선감의록」, 『동방학지』 57, 연세대학교 국학연구원, 1988.

11　정규복, 「『제일기언』에 대하여」, 『중국학논총』 1, 고려대학교 중국학연구소, 1984.

12  임치균, 「〈태원지〉 연구」, 『한국고전문학연구』 35, 한국고전문학회, 2009.

13  홍현성, 「〈취승루〉 국적 연구」, 『고소설연구』 38, 월인, 2014.

14  홍현성, 「『남계연담』의 특징과 그 의미」, 『정신문화연구』 125, 한국학중앙
    연구원, 2011.

15  황윤석, 『이재난고』 권15.

16  홍희복, 『제일기언』. *『제일기언』은 중국 소설 『경화연』의 번역이다.

17  송성욱, 「〈위씨오세삼난현행록〉의 특이성」, 『한국학』 26(3), 한국학중앙연구
    원, 2003.

18  서정민, 「〈위씨오세삼난현행록〉의 서술 방식을 통한 향유의식 연구」, 『국
    문학연구』 9, 국문학회, 2003.

19  조수삼, 『송남잡지』.

20  이유원, 『임하필기』 권29.

## 2. 소설에 매료된 왕실

21  『연산군일기』 1506년(연산 12) 4월 13일.

22  『선조실록』 1569년(선조 2) 6월 20일.

23  김일권, 『언간諺簡의 연구研究 -한글諺簡의 연구研究와 자료집성資料集成-』, 건
    국대학교출판부, 1986.

24  『승정원일기』 1637년(인조 15) 11월 24일.

25  『승정원일기』 1637년(인조 15) 11월 25일.

26  이식, 『택당집澤堂集』 별집別集.

27  『승정원일기』 1637년(인조 15) 11월 28일.

28  『정조실록』 1789년(정조 13) 10월 7일.

29 차미경, 「청대 관우 숭배 현상과 경극 관우극의 발전」, 『중국문화연구』 27, 중국 문화연구학회, 2015.

30 왕숭유王嵩儒, 『장고영합掌固零拾』.

31 『승정원일기』 1630(인조 8) 2월 12일.

32 김수영, 「효종孝宗의 〈삼국지연의三國志演義〉 독서와 번역」, 『국문학연구』 32, 국문 학회, 2015.

33 심익운, 『백일집』, 「인선왕후어서언서삼국연의발」.

34 김수영, 앞의 논문.

35 『숙종실록』 1707년(숙종 33) 2월 13일.

36 시내암 저, 연변대학 수호지 번역조 역, 『수호지』 1, 올재, 2005.

37 이규경, 『오주연문장전산고五洲衍文長箋散稿』, 「소설변증小說辨症」.

38 『숙종실록』 1689년(숙종 15) 4월 21일.

39 권섭, 『옥소집』 잡저, 「선비수사책자분배기」.

40 임치균, 『조선조 대장편소설 연구』, 태학사, 1996.

41 『승정원일기』 1754년(영조 25) 3월 23일.

42 『승정원일기』 1754년(영조 30) 2월 13일.

43 황윤석, 「이십구일갑술二十九日甲戌」, 『이재난고頤齋亂藁』 권15.

44 『승정원일기』 1751년(영조 27) 3월 15일; 1761년(영조 37) 7월 11일; 1763년(영조 39) 12월 25일.

45 『승정원일기』 1749년(영조 25) 3월 23일.

46 『승정원일기』 1758년(영조 34) 12월 19일.

47 양승민, 「『승정원일기承政院日記』 소재 소설 관련 기사 변증」, 『고전문학연구』 26, 한국고전문학, 2004.

48 『승정원일기』 1755년(영조 31) 5월 2일.

49 『승정원일기』 1755년(영조 31) 5월 3일.

50 『승정원일기』 1747년(영조 23) 10월 3일.

51 이유원, 『임하필기』 권27.

52 『정조실록』 1792년(정조 16) 10월 24일.

## 3. 왕실이 갈무리한 소설

53 홍현성, 「사후당이 남긴 낙선재본 소설 해제의 자료적 성격」, 『장서각』 32, 한국학중앙연구원, 2014.

54 이환李奐(헌종, 재위 1834~1849), 『원한고元軒稿』 권1.

55 천혜봉, 「장서각藏書閣의 역사歷史」, 『장서각藏書閣의 역사歷史와 자료적資料的 특성特性』, 한국정신문화연구원, 1996.

56 『헌종실록』 1837년(헌종 3) 4월 17일.

57 『승정원일기』 1857년(철종 8) 2월 6일.

58 손신영, 「연경당 건축연대 연구」, 『미술사학연구』 242·243, 한국미술사학회, 2004.

59 이병기, 앞의 논문 ; 이병기·백철, 앞의 책.

60 이해청 역시 들은 이야기였을 터라, 그대로 신뢰하기 어려운 부분이 있다. 1884년(고종 21) 전후 국제, 국내 정세 몹시 급박했다. 이해 12월 갑신정변이 있었다. 만약 1884년 전후로 중국 소설을 다량 구득하여 번역할 것을 명했다면, 고종의 저의는 청나라 조계지를 통한 첩보 활동에 있었을 것이나, 확언은 어렵다. 비빈이나 공주를 위해 번역을 명했을 가능성도 물론 상존한다.

61 『고종실록』 1888년(고종 25) 2월 13일.

62 『황성신문』 1901년 6월 6일.

63 이종묵, 「조선시대 여성과 아동의 한시 향유와 이중언어체계Diaglosia」, 『진

단학보』 104, 진단학회, 2007.

64  최정협, 앞의 기사.

65  위의 기사.

66  『위씨세대록』 권8.

67  임치균, 「낙선재본 고전 소설의 존재 형태와 독서 문화」, 『장서각』 49, 한국학중앙연구원, 2023.

68  위의 논문.

69  『완월회맹연』 권2.

70  조수삼, 『송남잡지』.

71  사도세자, 『중국소설회모본』, 「서序」; 「소서小序」. 국립중앙도서관. 표제: 중국역사회모본.

72  『범문정충절언행록』 권4.

73  임치균, 「대장편소설의 수신서적 성격 연구」, 『한국문화연구』 13, 이화여자대학교 한국문화연구원, 2007.

74  『명행정의록』 권13.

75  최정협, 앞의 기사.